SHIVA
שבעה

Poems of October 7

שירים בעקבות השבעה באוקטובר

Editors and Translators:

RACHEL KORAZIM

MICHAEL BOHNEN

HEATHER SILVERMAN

The Institute for
Jewish Research and Publications

Cambridge, MA • 2024

Shiva: Poems of October 7
Rachel Korazim, Michael Bohnen, and Heather Silverman,
    Editors and Translators

ISBN: 978-1-962609-07-4

Published by The Institute for Jewish Research and Publications
Cambridge, MA

www.IJRPub.org
info@IJRPub.org
Twitter @TheIJRPub

With Gratitude to our Generous Benefactors

PATRONS:

Rabbi Angela Buchdahl

Congregation Adath Jeshurun, Louisville

Sherri & Marty Zigman

DONORS:

Adrienne Adan Enzer

Rabbi Michael Alper

Alexandra Bar-Cohen

Bobbie & Carl Blau

Rabbi Lester Bronstein

Mina & David Ellison

Vicky Farhi

Rabbi Linda Henry Goodman &

Rabbi Steven Wise Goodman

Ed Grossman & Rochelle Stanfield

Grossman Family Charitable Funds

Rabbi Rachel Gurevitz

Judy Hurvitz

Helen & Sidney Kadish

Mary Liling

Marina Mashaal

Rabbi Susan Oren

Rabbi Judy Shanks & James Gracer

Debbie Waitkus

Rabbi Amy Wallk &

Rabbi Mark Cohen

Scott Weiner & Beth Siegel

Rabbi Eric Weiss

Rabbi Josh Whinston

SPONSORS:

Dean Abelon	Ann Elyachar
Anne Alper	Seymour Epstein
Ruth Assal	Stephen Feldman
Judy Avnery	Sharlene & Richard Finkel
Benjamin Belfer	Mona Fishbane
Marilyn Bernstein	Yair Gazitt
Roberta Boam	Erit Gillman
Denah S. Bookstein	Terry Glaser
Anne Borkowf	Susan Glass
Randi Brenowitz	Lynn Golberstein
Florence & Robert Brodkey	Rabbi Neal Gold
Naomi Burns	Barbara Goldberg
Elizabeth Caplun	Ruthe Golden
Hirsh Cashdan	Robert Goldman
Adam Chelminsky	Dorothy Greenbaum
Arnold Clickstein	Suzanne Greenberg
Anne Cory	Rabbi Eric Gurvis
Michaela Davidai	Cippi Harte
Ann Ellen Dickter	Mary Haskell
Alina Dolitsky	Heidi E Haycock
Rhea Dorn	Miriam & Avi Hoffman
Viktoria Dorosz	Susan Hyman
Rachel Efrati	Frona Kahn

SPONSORS:

Nachama Kanner

Judy & Barry Kenter

Rena Klotz

Bonnie Kossoff

Suzie Lampert

Daniel Laser

Helen Lewis

Suzanne Levin

Wendy Liebow & Scott Burson

Ann & Henry Lipsitt

Martha Liptzin Hauptman

Rabbi Alan Litwak

Amy Mates & Billy Mencow

Miriam Marcus

Marion Mendelzweig

Lynnie Mirvis

Elaine Moise

Elanah Naftali

Tamar Orvell

Sharon Packer

Rena & Richard Panush

Pnina Pinchevsky

Judi & Jerry Pitkowsky

Bina Presser

Rabbi Daniella Pressner &
Rabbi Saul Strosberg

Jinny Sagorin

Sarah & Ted Schachter

Rabbi Robert Scheinberg

Penninah Schwartz-Gagnon

Yocheved Schwarzbaum

Temple Sinai, North Dade

Paul A. Slater

Rabbi Rafi Spitzer

Solange Tajchman

Marc Tannen

Vavi Avishag Toran

Adi Tzur

Marina Vinokur

Ruth & Robert White

Michelle Green Willner

Rabbi David Wise

Stanley Wolf

Harriet & Sheldon Wolpoff

Froma Zeitlin

Violet Zeitlin

תוכן ענינים

Table of Contents

Hostages

Language

Loss

The Other Side

The Future

תודות

למעט כפי שיצוין להלן, כל התרגומים נעשו במשותף על ידי
Rachel Korazim, Michael Bohnen and Heather Silverman.

המשוררים סקרו את תרגומי שיריהם, וחלקם סיפקו שינויים. להלן שמות מי שלקחו חלק בתרגום השירים שלעיל:

שירים מאת אלחנן ניר	אמונה אלון
לא מגש ולא כסף	שרית אופק
תקוה	יונתן פרדייז
שווא	יעקב אייזנברג ונגה אוקונור
הנחיות פיקוד העורף החדשות לשיחות חולין	מיה ולנטיין
זרע זעיר אחד	עליזה רז

ניקוד: ישי סרד.

המשוררים המתרגמים העורכים והנקדן תרמו את עבודתם ללא תמורה. הרווחים ממכירת הספר ייתרמו לקואליצייה הישראלית לטראומה.

אנו מודים למנחם בטלר ולרב דוד שבתאי מהמכון למחקר ופרסומים יהודים על ההנחיה והתמיכה בתהליך ההוצאה לאור.

הקלטות

דברי רקע והערות באנגלית, על כל השירים ניתן למצוא באתר
korazim.com

Acknowledgments

Except as noted below, all translations were done jointly by Rachel Korazim, Michael Bohnen, and Heather Silverman.

The poets reviewed the translations of their poems, and some provided changes. The following individuals participated in the translation of the indicated poems:

Poems by Elchanan Nir	Emuna Elon
Neither Silver nor Platter	Sarit Ofek
Hope	Jonathan Paradise
Vain	Jacob Eisenberg and Noga O'Connor
Homefront Command's New Regulations	Maya Valentine
One Tiny Seed	Aliza Raz

The nikkud (vocalization) was reviewed by Yishai Sered.

The poets and the above individuals have donated their contributions and agreed that the net proceeds of the sale of this book will be donated to the Israel Trauma Coalition.

We thank Menachem Butler and Rabbi David Shabtai of the Institute for Jewish Research and Publications for their care and encouragement in guiding us through the publication process.

Recordings

Rachel Korazim's recorded discussions about each of the poems included in this volume can be found at korazim.com.

מבוא

שירה ישראלית בעקבות השבעה באוקטובר

ככל שנחשפו זוועות שבת השבעה באוקטובר היתה התגובה השכיחה ביותר: "אין מילים".

גלי ההלם התפשטו כמעגלים קונצנטריים בבריכת מים שלתוכה הושלכה אבן. תמונות הגופות המרוטשות הבתים השרופים והמכוניות ההרוסות הציפו את המסכים שאי אפשר היה להפסיק לצפות בהם. ערוצי טלוויזיה הקרינו את המראות ברצף, פרשנים דנו במשמעויות הצבאיות והפוליטיות במשך שעות, שעה שאנשים התקשו לענות על השאלה הפשוטה "מה שלומך?" התגובה הפואטית לא איחרה להגיע ושירים החלו להתפרסם החל מהימים הראשונים שלאחר האסון.

שירים משל משוררים ידועים ומוכרים לצד קולות חדשים הופיעו מדי יום ברשתות החברתיות ועם הזמן גם במוספים הספרותיים של העיתונים היומיים. הם תיארו את חוסר היכולת לדבר; נתנו קול לדמעות לזעם ולייאוש. לאחר התגובה הראשונית של ההלם המשיכה השירה ללוות את החיילים בשדות הקרב בעזה, את המשפחות השכולות בלוויות, את המפונים במקלטים הזמניים ואת משפחות החטופות והחטופים בידי החמאס. יש משוררים שהרחיקו מבטם גם אל הקורבנות שמעבר לגבול.

השירים שנאספו באנתולוגיה זו באים מקשת אידיאולוגית ישראלית רחבה. הם נאספו במהלך ששת החודשים הראשונים שלאחר השבעה באוקטובר או לפי הלוח היהודי משמחת תורה ועד פסח. כמקובל בשירה הישראלית, השירה העכשווית נכתבת תוך דו שיח עמוק ומשמעותי עם כל רבדי הטקסטים העבריים: מהתנ"ך והתלמוד, מסידור התפילות והספרות הרבנית ועד לקלאסיקות מימי הביניים ומהשירה העברית בעת החדשה.

אוסף זה אינו כולל את כל השירים שהופיעו וממשיכים להיכתב בישראל מאז ה-7 באוקטובר. השירים בו נבחרו לשיעורים על שירה ישראלית ברשת הוירטואלית, בהם משתתפים מאות לומדים

Introduction

Israeli Poetic Voices in the Wake of October 7th

As the horrors of October 7th were unfolding, the most common reaction was *"ein milim,"* אין מילים, "no words."

Shock waves spread like the ever-widening ripples of a pool into which a stone has been thrown. Images of mutilated bodies, burnt homes and wrecked cars flooded the screens we couldn't stop watching. The media continued to project graphic scenes endlessly, commentators discussed politics and military points of view for hours, yet people struggled to answer the simple question "How are you?" It is not surprising that new poems were immediately created to give utterance to the nation's feelings and emotions.

Published and well-known poets alongside new fresh voices appeared daily on social media and, with time, in the literary supplements of daily papers. The poems described the inability to speak: they gave voice to choked tears, rage and despair. Moving from an initial reaction of shock, the poetry gives voice to soldiers on the battlefields of Gaza, bereaved families at funerals, evacuees in their temporary shelters and hostages in the hands of Hamas, as well as victims across the border.

The poems collected in this anthology come from a broad Israeli ideological spectrum and were collected during the first six months following October 7th, or, in the Jewish calendar, from Simchat Torah to Pesach. As is often the case in Israeli poetry, the poems are in deep conversation with all layers of Hebrew texts from Tanakh through Talmud, from prayers and rabbinic literature all the way to medieval and modern Hebrew classics.

The title *Shiva*, which means seven, connotes both mourning and the tragic date. This collection was selected from many post October 7 poems discussed in Rachel Korazim's online Israeli poetry class "Windows to Israel Through Literature," that reached hundreds of

מרחבי העולם. המשוררים הצטרפו לעתים קרובות לשיחה ווהביאו איתם הקשרים ותובנות נוספות.

הפרקים באנתולוגיה זו מייצגים חלוקה לנושאים כלליים. רבים מהשירים יכולים היו להופיע ביותר מפרק אחד.

לפני כ-120 שנה כתב המשורר העברי הגדול ח.נ. ביאליק:

וְתַחַת פַּטִּישׁ צָרוֹתַי הַגְּדוֹלוֹת
כִּי יִתְפּוֹצֵץ לְבָבִי, צוּר־עֻזִּי,
זֶה הַנִּיצוֹץ עָף, נִתָּז אֶל־עֵינִי,
וּמֵעֵינִי – לַחֲרוּזִי.
וּמֵחֲרוּזִי יִתְמַלֵּט לִלְבַבְכֶם

אנו מקווים שהשירים העבריים יציתו אש בלבבות רבים גם בתרגום.

– העורכים

learners worldwide. The poets often joined the conversation to offer context and additional insights.

The different sections in this anthology represent a loose division into general themes, and many of the poems could have appeared in more than one section.

Some 120 years ago, the great Hebrew poet H. N. Bialik wrote:

Under the hammer of my great misfortunes

When my heart, the rock of my strength, explodes,

That very spark flies, ricochets towards my eye,

And from my eye – to my verse,

And from my verse it escapes to your hearts.

We hope this collection of poems sparks a fire in many hearts.

– The Editors

אימה
TERROR

”הִנֵּה הַחֹשֶׁךְ...“

“Here’s your darkness...”

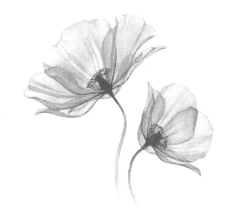

חושך על פני תהום

צור גואטה

הַמּוֹרָה מִיכַל שָׁאֲלָה אוֹתָנוּ:
"מִי כָּאן יוֹדֵעַ לוֹמַר לִי מָה פֵּרוּשׁ הַפָּסוּק,
'וְהָאָרֶץ הָיְתָה תֹהוּ וָבֹהוּ
וְחֹשֶׁךְ עַל פְּנֵי תְהוֹם'?"

כָּל הַשָּׁנִים הָאֵלֶּה, מֵאָז וְעַד הַיּוֹם
הִדְהֲדָה אוֹתָהּ שְׁאֵלָה בְּתוֹכִי, הִדְהֲדוּ בִּי
עֵינֵי הַמּוֹרָה הַמְחַפְּשׂוֹת אֶצְבַּע מוּנֶפֶת,
הִדְהֲדָה בִּי אוֹתָהּ הַשְּׁתִיקָה הַגּוֹרֶפֶת

בַּשִּׁבְעָה בְּאוֹקְטוֹבֶּר הִדְהֵד צִלְצוּל הַטֶּלֶפוֹן
בְּבֵיתָהּ הַדּוֹמֵם שֶׁל הַמּוֹרָה מִיכַל.
"זֶה אֲנִי" אָמַרְתִּי, "הִנֵּה הַתֹּהוּ וָבֹהוּ.
הִנֵּה הַחֹשֶׁךְ, הִנֵּה הַתְּהוֹם, שָׁלוֹם."

Darkness over the Surface of the Abyss* Tzur Gueta

My teacher Michal once asked us:
"Who can tell me the meaning of the verse,
'The earth was chaos and confusion,
with darkness over the surface of the abyss'"?

All these years, from then to this very day,
That question has echoed within me, the teacher's eyes
As she was looking for a raised hand, echoed in me,
That all-encompassing silence echoed in me.

On October 7th the ringing telephone echoed
In the silent home of my teacher Michal.
"It's me," I said. "Here's your chaos and confusion.
Here's your darkness. Here's your abyss. Goodbye."

---

*　Genesis 1:2

רישום נוף מבלי להיכנס לתיאורים פלסטיים רן שייט

בִּבְאֵרִי מִתְנַדֵּב זָקָ"א
בְּאֵפוֹד זוֹהֵר וְקַפְּלַסְ"ט
מְתָאֵר נוֹף:
שַׁעַר פָּרוּץ וְגָדֵר
מְגַמְגֶּמֶת
וְעָשָׁן
וְרֹאשׁ
וְסַכִּין
וְגוּף נָח לְיַד גַּרְזֶן,
שֶׁלֹּא יָכוֹל לִהְיוֹת,
וּשְׁלוּלִית שֶׁל אֹדֶם זוֹלֶגֶת
אֶל יְרֹק הַדֶּשֶׁא
וּשְׁאֵרִיּוֹת מָמָ"ד,
כְּפֵרוּרֵי חַיִּים תַּחַת
מַטְחֵי הָאַזְעָקוֹת
וְאֵין לְכָךְ מִלִּים
וְרֵיחַ עַז שֶׁל חֶנֶק מֵעֹמֶק הַבְּאֵר
כְּמוֹ כַּפּוֹת יָדָיו שֶׁל גֶּבֶר מֵת
הָאוֹחֲזוֹת בְּעֹז מַסָּד שֶׁל בַּיִת
וְגוּף תִּינוֹק לֹא זָע
בַּחֲצַר הַמִּשְׂחָקִים
אֵלָיו שְׁלוּחוֹת יְדֵי אִמּוֹ הָאֲרֻכּוֹת
מְגוֹנְנוֹת הַרְחֵק מֵעַזָּה.

A Landscape Sketch without Entering into Graphic Details   Ran Shayit

In Be'eri a ZAKA* volunteer

In fluorescent vest and helmet

Describes the view:

A breeched gate and a fence

Stuttering

Smoke

A head

And a knife

And a body lying by an axe,

That cannot be,

And a puddle of red trickling

Into the green grass

And remnants of a safe room,

Like crumbs of life under

Barrages of sirens.

There are no words for this

A strong smell of suffocation from the depths of a well

Like the palms of a dead man

Holding onto the foundation of a house

And the inert body of a baby

In the playground

His mother's long arms stretching towards him

Protecting, far away from Gaza.

---

*   A volunteer rescue and recovery organization which also collects remains of the dead for proper burial.

שש בבקר אסנת אלדר

לַמְנַצֵּחַ עַל אַיֶּלֶת הַשַּׁחַר מִזְמוֹר לְדָוִד
תְּהִלִּים כב

דִּמְדוּמֵי בֹּקֶר
פּוֹרְמִים בַּעֲדִינוּת אֶת קוּרֵי הַלַּיְלָה
וְעֵינַיִם נִפְקָחוֹת בְּצִפִּיָּה.
עִם בְּקִיעַת הַשֶּׁמֶשׁ אֶל חַלּוֹנֵי הָרָקִיעַ
מִתְאַחֶדֶת אַיֶּלֶת הַשַּׁחַר עִם הַיּוֹם לְהוֹלִידוֹ מֵחָדָשׁ
בְּדִמְדוּמֵי הַבֹּקֶר
מֻתָּרִים לְפִרְסוּם כָּל אֵימֵי הָאֶתְמוֹל
וְהַמֵּצַר הַדַּק בֵּין הַלַּיְלָה לַיּוֹם
מְדַמֵּם אֶת אָבְדַן הַחַיִּים לְתוֹךְ שִׁגְרַת הַבֹּקֶר הַשְּׁקֵטָה
שֵׁשׁ בַּבֹּקֶר הִיא הַשָּׁעָה הַשְּׁחֹרָה בְּיוֹתֵר
מֵאָז אוֹתָהּ שַׁבָּת

Six a.m. Osnat Eldar

For the Conductor: On Ayelet HaShahar. A psalm of David.
Psalm 22*

Morning twilight

Delicately unraveling the night's cobwebs

Eyes opening with expectation

As the sun cracks open the windows of the sky

The light of dawn unites with the day to birth it anew

At morning twilight

All of yesterday's horrors are cleared for publication

And through the narrow cleft between night and day

The loss of life bleeds into the silent morning routine

Six a.m. is the darkest hour

Since that Shabbat.

---

* The Talmud understands *Ayelet Ha Shahar* to mean the light of dawn (Yoma 29a).
Psalm 22 begins with "My God, my God, Why have you forsaken me?"

שברים של ים אסנת אלדר

לְרוֹמִי בַּת הַשֵּׁשׁ מִשְּׂדֵרוֹת

"נָשְׂאוּ נְהָרוֹת ה' נָשְׂאוּ נְהָרוֹת קוֹלָם יִשְׂאוּ נְהָרוֹת דָּכְיָם מִקֹּלוֹת מַיִם רַבִּים
אַדִּירִים מִשְׁבְּרֵי יָם אַדִּיר בַּמָּרוֹם ה'" תְּהִלִּים צ"ג

וְרַק קוֹלָהּ הַמָּתוֹק שֶׁל הַיַּלְדָּה בַּת הַשֵּׁשׁ
מְחַבֶּקֶת אֶת אֲחוֹתָהּ
וְשׁוֹאֶלֶת "אַתֶּם שֶׁל יִשְׂרָאֵל?"
נִשָּׂא בֵּין קוֹלוֹת הַמַּיִם הָרַבִּים
שֶׁשִּׁוְּעוּ לִגְאֻלָּה
בְּאוֹתָהּ הַשַּׁבָּת הַשְּׁחֹרָה.
עַל מִשְׁבְּרֵי מַיִם רַבִּים נִשְּׂאָה הַשְּׁאֵלָה
כְּמוֹ מֻפְתַּעַת שֶׁכְּלָל נִשְׁאֲלָה
וְהִתְנַפְּצָה אֶל חוֹף הָאֱמוּנָה
מִתְפּוֹרֶרֶת לְרַגְלֵי הַהֲבָנָה
שֶׁה' אַדִּיר רַק בַּמָּרוֹם.
וַאֲנַחְנוּ שְׁבוּרוֹת נְהָרוֹת
נוֹתַרְנוּ עַל חוֹף מְפֻזָּר
לְלַקֵּט אֶת הַקּוֹלוֹת
לְעַרְסֵל, לְנַחֵם,
לְהַצִּיעַ מַחְסֶה וּבְגָדִים וְאֹכֶל
לִצְרוֹף גַּרְגֵּר לְגַרְגֵּר
וְלִבְנוֹת אַרְמוֹן נֶאֱמָן וְאוֹהֵב
לִיתוֹמָה בַּת שֵׁשׁ
מְחַבֶּקֶת אֲחוֹתָהּ
וּשְׁאֵלָתָהּ סוֹדֶקֶת אֶת הַבְּרִית הַבְּסִיסִית
בֵּין אָדָם לֵאלֹהָיו
בֵּין אָדָם לַמְּדִינָה.

Sea Fragments   Osnat Eldar

*For six-year-old Romi from Sderot**
"The seas have lifted up, O God; the seas have lifted up their voices; the seas
have lifted up their pounding waves. Mightier than the thunder of the great
waters, mightier than the breakers of the sea - God on high is mighty." Psalm 93

And only the sweet voice of a six-year-old girl

Hugging her sister

And asking: "Are you from Israel?"

Rose above the thunder of the great waters

That cried out for redemption

On that black Shabbat.

Above the mighty breakers of the sea the question was raised

As if surprised to have been asked at all

It broke on the shore of faith

Shattered into crumbs our understanding

That God is mighty only on high.

And we, shattered by the seas,

Remain on the scattered shore

To collect the voices

To cradle, to console

To offer shelter, clothing and food

To join crumb to crumb

To build a loving faithful palace

For a six-year-old orphan

Who is hugging her sister

And her question cracks the foundational covenant

Between man and God

Between man and state.

---

*   On October 7, Romi Suissa's parents were murdered. She hid in the back seat of
    their car under a blanket, protecting her 3-year-old sister. When the police came,
    she said, "I have a baby here. Are you from Israel?"

מה את רואה רוני אלדד

בַּלּוֹנִים פּוֹרְחִים אֲנִי רוֹאָה,
עוֹפוֹת צוֹוְחִים, נוֹצוֹת, נוֹצוֹת עַל הַפְּתָחִים,
אָב מוֹלִיךְ עֶגְלַת תִּינֹקֶת, קָפוּא בְּאֶמְצַע הַתְּנוּעָה
מָה אַתְּ רוֹאָה:

אֵשׁ בּוֹעֶרֶת בְּחֲנוּת פְּרָחִים, אֲנִי רוֹאָה,
בְּתוֹךְ הַבַּיִת יְלָדִים טוֹבִים, אִישׁוֹנִים זוֹרְחִים
קַסְדּוֹת אוֹפַנַּיִם לְרֹאשָׁם מִפַּחַד תּוֹתָחִים
אִשָּׁה צוֹעֶקֶת אֶל הַטֶּלֶפוֹן בַּלָּהַת שְׁמוּעָה
מָה אַתְּ רוֹאָה:

אֲנִי לֹא רוֹאָה, אֲנִי שׁוֹמַעַת אֱלֹהִים בּוֹכִים
מֵאֲחוֹרֵי אִילָן גָּבֹהַּ אוֹ בְּתוֹךְ שִׂיחִים
רַק אֵם בָּשָׂר וָדָם סוֹכֶכֶת עַל הָאֶפְרוֹחִים, וּבִכְנָפֶיהָ
רַחֲמֵי כָּל הָעוֹלָם זוֹרְחִים, אֵיךְ הִיא נִטְרֶפֶת
בְּשִׁנֵּי חַיָּה רָעָה
מָה אַתְּ רוֹאָה, אֲנִי רוֹאָה
הָיִינוּ מְשֻׁנִּים. כִּסְּתָה הַשֶּׁמֶשׁ אֵפֶר מַלְאָכִים
תַּנִּים חָרְצוּ שֵׁן בִּשְׂדוֹתֵינוּ, כָּל הַיְלָדִים פְּקוּחִים
לֹא נִישַׁן יוֹתֵר אַף פַּעַם, הֵעִיר אוֹתָנוּ חֹשֶׁךְ אֱלֹהִים

* The book of Jeremiah (1:11) starts with God's question: "What do you see?" Jeremiah responds, "I see a branch of an almond tree... and a boiling pot facing from the north." God's dire explanation of the vision is that soon "evil will break forth from the north." A popular 1970's song written by Avraham Zigman entitled "Goodness Will Break Forth from the South," begins with the question: "What do you see?" His encouraging counter-narrative. response was that he saw an almond tree blooming (פורח), a hovering bird and a safe nest, all signs of peace and quiet. In contrast, Eldad's counter-counter-narrative poem brings a dire message from the South.

What Do You See* Roni Eldad

I see balloons flying in the air**

Shrieking birds, feathers, feathers in the doorways,

A father pushing a baby stroller, frozen in mid-motion

What do you see:

I see a fire burning in a flower shop,

I see, inside the house, good children, their pupils glowing

Bicycle helmets on their heads, for fear of cannons

A woman yelling a dreadful rumor into the phone

What do you see:

I do not see, I hear a divine being*** weeping

Behind a tall tree or inside the bushes.

Only a flesh-and-blood mother hovering over her chicks,

The whole world's compassion shining from her wings

How she is devoured by the teeth of a wild beast.

What do you see, I see

That we have become strange: the sun is covered by angels' dust

Jackals bare their teeth in our fields, all the children are wide-eyed

We will never sleep again. The darkness of God has woken us up.

** Incendiary balloons. The students of Rabbi Ḥanina ben Teradyon asked him "What do you see?" when he was being burned to death while wrapped in a Torah scroll. He said to them: "I see the parchment burning, but its letters are flying to the heavens (פורחות)." Babylonian Talmud, Tractate Avodah Zarah 18a.

*** Divine being: See JPS 1 Samuel 28:13 for its translation of Elohim with a plural verb in response to the question "What do you see?"

את כולם הכרנו

אלחנן ניר

כָּאן, בַּמִּקְלָט, אֲנַחְנוּ.
כָּל נְבִיחָה, כָּל שְׁעָטָה,
כָּל הַנְּפָשׁוֹת הַנִּפְשָׁטוֹת עַכְשָׁיו בַּחוּץ
נִקְרַע עוֹרָן מֵעֲלֵיהֶן
טָסוֹת מִסּוֹף הָעוֹלָם וְעַד סוֹפוֹ בִּצְרָחָה:
אַיֵּה?
אַיֵּה?
הַלַּיְלָה יוֹרֵד וְהַמֵּתִים בָּאִים אֵלֵינוּ.
הֵם כְּבָר לְמַעְלָה מֵאֶלֶף, אֶת כֻּלָּם הִכַּרְנוּ,
רַבִּים פָּגַשְׁנוּ בְּהוֹשַׁעְנָא רַבָּה בַּחֲצוֹת בָּעֵמֶק,
נִדְחָקִים, מְמַלְאִים אֶת הַחֶדֶר הַצָּפוּף, עוֹמְדִים עָלֵינוּ.
עוֹמְדִים וְשׁוֹתְקִים, עוֹמְדִים וְגוֹהֲרִים:
אַתָּה!
אַתָּה!
אֵין לָהֶם פָּנִים, חֶלְקָם חֲתוּכִים בִּמְקוֹמוֹת שֶׁלֹּא יָדַעְנוּ
וַאֲנַחְנוּ נִבְהָלִים, נְסוֹגִים אֶל הַמִּבְטָן, לוֹחֲשִׁים:
אִם תִּרְאוּ אוֹתוֹ, תַּגִּידוּ לוֹ

We Knew Them All   Elchanan Nir

We are here, in the shelter,

Every bark, every stomp,

All the bared souls are now outside

Their skin has been flayed

They fly from one end of the world to the other yelling:

Where?

Where?

Night is falling and the dead are coming to us.

They already number more than a thousand, and we knew them

all,

At midnight on Hoshana Rabba we met many of them in the

valley,

Squeezing in, filling the crowded room, standing on top of us.

Standing silently, standing and bending over us:

You!

You!

They have no faces, some are slashed in unknown places.

And we are shocked, retreating to the protected spaces

whispering:

If you see him, tell him*

---

*   This line references a poem by Dan Pagis:
    Written in Pencil in the Sealed Railway Car:

    Here in this carload / I am Eve / with Abel my son / if you see my other son / Cain
    son of man / tell him that I

לברוח אלחנן ניר

הַתּוֹרָה, הַגְּוִילִים, הַתְּפִלָּה, הַמִּלִּים, הָרוֹמָן, הַשִּׁירִים, הַכֹּל
אֲנַחְנוּ זוֹרְקִים בְּרֶגַע
רַק שֶׁיָּנוּחַ בָּנוּ זַעְפְּךָ.
הַכֹּל לָאֵשׁ, הַכֹּל עַכְשָׁו:
אַלְבּוֹמֵי הַחֲתֻנָּה,
צַלָּחוֹת הַחַרְסִינָה עִם פַּס הַכֶּסֶף מִסַּבְתָּא,
צִיּוּרֵי הַבַּיִת הָרַכִּים מִגַּן דִּינָה
(כֻּלָּם עִם גַּג אָדֹם, בְּלִי רִצְפָּה),
אֵין לָנוּ עוֹד זְמַן
הֵם בָּאִים, שׁוֹמְעִים אוֹתָם חָזָק,
פָּרְצוּ הַכֹּל - הַגְּדֵרוֹת, הַחוֹמָה, הַמִּגְדָּלִים,
טִמְּאוּ הַשְּׁמָנִים, תּוֹדִיעַ, מָתַי אַתָּה בָּא,
מַהֵר, הַגְּבֵר, הַכֹּל כְּבָר עָשָׁן,
תִּסְתַּכֵּל, אֲנַחְנוּ כָּאן,
אֵין לָנוּ עוֹד לְאָן
לִבְרֹחַ

To Run Away Elchanan Nir

The Torah, the scrolls, the prayer, the words, the novel,

The poems, everything

We would throw them away in an instant

If only Your rage* would come to rest

Everything to the fire, everything, right now:

The wedding albums,

The china plates edged with silver from grandma

The simple drawings of houses from Dinah's kindergarten

(All with a red roof and no floor),

We have no time left

They are coming, we can hear their power,

They've breached everything – the fences, the wall, the towers,

They desecrated the oil.** Tell us, when are You coming,

Quickly, be stronger, everything is going up in smoke,

Look, we are here,

We have nowhere else

To run

---

* Jonah 1:15 The sailors threw Jonah into the sea so it would "cease from its raging."

** A reference to the desecration of the Temple at the time of the Maccabees

אמא תמיד צודקת אתי לב

אִמָּא אָמְרָה שֶׁעַד שֶׁאֶגְדַּל כְּבָר לֹא יִהְיֶה צָבָא.
אִמָּא צָדְקָה.
עוֹד לֹא גָּדַלְתִּי וּכְבָר לֹא הָיָה צָבָא.
הוּא לֹא הָיָה כְּשֶׁשָּׁמַעְתִּי צְעָקוֹת בַּחוּץ.
הוּא לֹא הָיָה כְּשֶׁרָאִיתִי אֶת אַבָּא כָּל כָּךְ מְפֻחָד וְלָחוּץ.
הוּא לֹא הָיָה כְּשֶׁדֶּלֶת הַבַּיִת נִפְרְצָה בִּבְעִיטָה.
הוּא לֹא הָיָה כְּשֶׁהִתְחַבֵּאתִי מִתַּחַת לַמִּטָּה.
הוּא לֹא הָיָה כְּשֶׁהָדַפְנוּ שְׁלָשְׁתֵּנוּ אֶת דֶּלֶת הַמָּמָ"ד.
הוּא לֹא הָיָה כְּשֶׁהַזְּמַן פָּשׁוּט עָמַד.
הוּא לֹא הָיָה כְּשֶׁהֵם נִכְנְסוּ פִּתְאֹם פְּנִימָה.
הוּא לֹא הָיָה כְּשֶׁהֵם קָרְעוּ אֶת אַבָּא מֵאִמָּא.
אִמָּא אָמְרָה שֶׁעַד שֶׁאֶגְדַּל כְּבָר לֹא יִהְיֶה צָבָא.
אִמָּא צָדְקָה.
וְעַכְשָׁיו רַק רָצִיתִי לְהַגִּיד לָהּ שֶׁהִיא תָּמִיד צוֹדֶקֶת.
בָּכִיתִי, צָעַקְתִּי, וְהִיא עֲדַיִן שׁוֹתֶקֶת.

Mom is Always Right   Itay Lev

Mom said that when I grow up there will be no army.

Mom was right.

I haven't yet grown up and already there was no army.

It wasn't there when I heard the screaming outside.

It wasn't there when I saw dad so scared and stressed.

It wasn't there when the door was kicked in.

It wasn't there when I hid under the bed.

It wasn't there when we three pushed back on the door of the safe room.

It wasn't there when time just stood still.

It wasn't there when they suddenly entered.

It wasn't there when they tore dad from mom

Mom said that when I grow up there will be no army.

Mom was right.

Now I only want to tell her that she is always right.

I've cried, I've screamed, and still she is silent.

עזה כמות שלומית נעים-נאור

אֵין טַעַם בְּשֵׁנָה, מַרְאוֹת עוֹלִים.
אֵין טַעַם בָּעֵרוּת, הַחֶזְיוֹנוֹת הֵם מַמָּשׁוּת.
רֶגַע לִפְנֵי הֲקִימָה
אֵינִי יוֹדַעַת דָּבָר עַל
הַמִּלְחָמָה

בְּכָל לַיְלָה אֲנִי מַחֲזִיקָה בְּיָדִי דָּבָר
הוּא נִשְׁמַט מִמֶּנִּי וּמִתְנַפֵּץ
זְכוּכִיּוֹת מְצִיאוּת שׂוֹרְטוֹת אֶת פָּנַי
רְסִיסֵי דִּמְעוֹת שַׁחֲרִית.

אֱלֹהִים
מִסְתַּתֵּר בַּמַּרְתֵּף
מְחֻסַּר תְּפִלָּה
נִרְעַד מִמַּעֲשָׂיו
כֻּלּוֹ
זְעָקָה.

נָשִׁים חֲתוּכוֹת רָצוֹת לִקְרָאתִי
אוֹחֲזוֹת תִּינוֹקוֹת מְחֻסְּרֵי רֹאשׁ.
עֲדַת עוֹרְבִים תְּלוּיָה

עַזָּה כַּמָּוֶת.

Strong as Death* Shlomit Naim Naor

There's no point in sleep, images surface

There's no point in waking, the visions are real.

The moment before rising

I know nothing of

The horrors of war

Every night I hold something in my hand

That slips and shatters

Glass shards of reality scratch my face

Teardrops of dawn.

God

Is hiding in a cellar

Bereft of prayer

Trembling for his deeds

His whole being is

A scream.

Slashed women are running towards me

Holding headless babies

A flock of hanging ravens

Gaza is like death.

---

* The title of this poem is a reference to Song of Songs 8:6, "Love is as strong as death." The Hebrew word for "strong" is also the word for Gaza, so the title could be understood as "Gaza is like Death."

קדיש אסף גור

יִתְגַּדַּל וְיִתְקַדַּשׁ שְׁמֵהּ רַבָּא
וְאַף אֶחָד לֹא בָּא
כַּמָּה אֲלָפִים קָרְאוּ לוֹ בְּשַׁבָּת בַּבֹּקֶר
זָעֲקוּ אֶת שְׁמוֹ
הִתְחַנְּנוּ בִּדְמָעוֹת שֶׁרַק יָבוֹא
אֲבָל הוּא שָׁבַת מִכָּל מְלַאכְתּוֹ
שׁוּם אֱלֹהִים לֹא הִגִּיעַ
וְשׁוּם אֱלֹהִים לֹא הִרְגִּיעַ
רַק הַשָּׂטָן חָגַג בְּלִי הַפְרָעָה
מְפַזֵּז בֵּין הַקִּבּוּצִים לִמְסִבַּת טֶבַח
וְכַתְּבֵנוּ מוֹסִיף וּמְדַוֵּחַ
בֵּין לְבֵין גַּם מִתְיַפֵּחַ
שֶׁיֵּשׁ תִּינוֹק שָׂרוּף
וְיֵשׁ תִּינוֹק חָטוּף
יֵשׁ תִּינוֹק יָתוֹם
וְיֵשׁ תִּינוֹק בֶּן יוֹם
מֻטָּל מְחֻבָּר בְּחֶבֶל הַטַּבּוּר לְגוּפַת אִמּוֹ
וְלֹא הִסְפִּיק אֲפִלּוּ לְגַלּוֹת מָה שְׁמוֹ
מָה יֵרָשֵׁם עַל הַמַּצֵּבָה הַקְּטַנְטַנָּה
עִם תַּאֲרִיךְ אֶחָד לַלֵּידָה וְלַפְּטִירָה
כָּךְ נִרְאֶה הַקִּבּוּץ אַחַר בִּקּוּר הַשָּׂטָן
מַחֲזִיר אֶת הַשִּׁדּוּר לָאֻלְפָּן
עַכְשָׁיו שֶׁקֶט יוֹרִים
יֵשׁ גַּם שְׂגוּרִים
וְאֵין מֶמְשָׁלָה
וְאֵין רַחֲמִים
וְרַק הַצְּרָחוֹת וְהַתְּמוּנוֹת
לֹא יֵצְאוּ לְעוֹלָם מֵהָרֹאשׁ
הַשְּׁבִיעִי בְּאוֹקְטוֹבֶּר
אַלְפַּיִם עֶשְׂרִים וְשָׁלוֹשׁ

Kaddish   Assaf Gur

Yitgadal v'yitkadash sh'mei raba
And no one came
Many thousands called to Him on Shabbat morning
Crying His name out loud
Tearfully begging Him just to come
But He had ceased from all His work
No God arrived
And no God provided comfort
Only Satan celebrated uninterrupted
Dancing between kibbutzim and the festival of slaughter.
And our correspondent goes on to report
Sobbing all the while
That there is a burnt baby
And an abducted baby
There is an orphaned baby
And a day-old baby
Still linked by the umbilical cord to his mother
He wasn't even able to learn his own name
That will be inscribed on the tiny headstone
With a single date for birth and death
This is what the kibbutz looks like after Satan's visit.
Turning the broadcast back to the studio
Quiet now, they are shooting
They are also launching rockets
There is no government
There is no mercy
Just the screaming and the images
That will never leave the mind
The seventh of October
Two thousand twenty-three.

אל תשלחי ידך

אסתר מהרט פרדמן

אַל תִּשְׁלְחִי יָדֵךְ אֶל הַדֶּלֶת
אַל תַּעֲשִׂי מְאוּמָה
הֵם שָׁם
אוֹרְבִים לָךְ
שִׁבְרֵי חַיַּיִךְ הַמְנֻפָּצִים
פְּזוּרִים בְּמֶרְכַּז הַסָּלוֹן
עַל הַסַּפָּה הַיְּשָׁנָה
עַל הָרִצְפָּה הַמְּכֻתֶּמֶת
הַפְּצָעִים, הַשְּׂרִיטוֹת, הַכְּאֵב
הֵם מַמְתִּינִים לְהַקְרִיב אוֹתָךְ
עַל הַמִּזְבֵּחַ
אַל תִּשְׁלְחִי יָדֵךְ

Do Not Raise Your Hand   Esther Maharat Fredman

Do not raise your hand* to the door

Do not do anything

They are there

Lying in wait for you

The shattered fragments of your life

Scattered in the center of the living room

On the old couch

On the stained floor

The wounds, the scratches, the pain

They are waiting to sacrifice you

On the altar

Do not raise your hand

---

*   God's angel told Abraham not to sacrifice his son: "Do not raise your hand against the boy, or do anything to him." Genesis 22: 12 This poem was written before October 7, 2023 but acquired additional meaning thereafter. In this poem, the Hebrew indicates that it is addressed to a female.

I am Telling the Children a Story   Roni Eldad

Once upon a time there was a bird, a beautiful bird,

Ordinary as a sparrow or a pigeon, her voice

Whispering like the wind in the poplar trees.

Once upon a time she made a nest of the softest stuff,

She had chicks so soft, their down so fine,

Their beaks wide open, full of life,

The mother would leave and return to the chicks

They would hear her comings and goings and their beaks

Would open wide and desperate as love, calling to her:

Here's mother bird rising

To feed us from all she has gathered. And she would

Hover over the chicks in her flight, her voice whispering like the wind

In the poplar trees, as she

Lightly brushed against their heads.

Once upon a time there was a shadow, not cast by the sunlight,

Once upon a time a shadow cast by the light of the fire,

A shadow like the palm of a hand, dense, dark, dripping,

A black shadow lurking, crouching, devouring. It waited,

It hovered over the nest,

Imitating the sound of the wind in the poplar trees

And the chicks' beaks opened wide, desperate as love,

Facing the hovering shadow as if it were a beautiful mother bird, and now

No soft nest	no beak
No hunger	no love
No sun,	no beautiful, good bird

The whole land a hovering shadow dripping with fire

The original Hebrew poem can be found at www.gluya.org.

אותה שבת ומועדים נוספים

THAT SHABBAT
AND OTHER
APPOINTED TIMES

"דְּבַשׁ שֶׁהָפַךְ לְדָם..."

"Honey turned into blood..."

בדבור אחד אסנת אלדר

א. שִׁמְרִי אֶת בְּנוֹתַיִךְ קָרוֹב אֵלַיִךְ.
אֶת הָאִינְטִימִיּוּת שֶׁל מִשְׁפָּחָה מִתְעוֹרֶרֶת בְּשַׁבָּת בַּבֹּקֶר
אֶת הַגַּעְגּוּעַ לְבַיִת.
אֶת הַתְּמִימוּת שֶׁבָּטוּחַ לָךְ בֵּין אַרְבַּעַת כְּתָלָיו.
אֶת הַתִּקְוָה
וְזִכְרִי אֶת הַשַּׁבָּת הַהִיא
אֶת הַחֲרָדָה שֶׁסִּכְסְכָה אֶת שְׁנָתֵךְ
אֶת כַּדּוּרֵי הַהַרְגָּעָה שֶׁהִרְחִיקוּ אוֹתָךְ מֵעַצְמֵךְ
אֶת כַּמּוּיוֹת הַיַּיִן
אֶת הַכְּאֵב עַל הַיַּלְדָּה הַמְּשׁוֹטֶטֶת בַּמִּנְהָרוֹת בְּעַזָּה
אֶת מִי שֶׁיִּשָּׁאֲרוּ חֲבוּקִים לָנֶצַח
אֶת הָאֵימָה.

ב. הִתְנַעֲרִי מֵעָפָר רֵעִים
צְאִי מִתּוֹךְ הֲפֵכַת בְּאֵרִי
לִבְשִׁי בִּגְדֵי הַיּוֹם יוֹם
קוּמִי מֵהַשִּׁבְעָה בְּאוֹקְטוֹבֶּר

ג. אֲבָל אֲנִי
אָנָה אֲנִי בָּאָה??

In a Single Utterance* Osnat Eldar

A. *Keep* your daughters close

   The intimacy of family waking up on Shabbat morning

   The longing for home

   The innocence of being safe within its walls

   The hope

   And *remember* that Shabbat

   The anxiety that drove a wedge into your sleep

   The tranquilizing pills that distanced you from yourself

   The quantities of wine

   The pain for the little girl wandering alone in Gaza's tunnels

   Those who will remain embraced forever

   The terror

B. *Arise, shake off the dust*, Re'im

   Rise and go forth from the ruins, Be'eri

   Clothe yourself in everyday clothing

   Get up from the Shiva of October

C. But I

   Where am I to go?**

---

* The title and italicized phrases are all from **Lecha Dodi**, a liturgical poem recited on Shabbat Eve. Its first line is "Keep and Remember in one utterance." The command to observe the Sabbath begins with the word "Keep" in Deuteronomy and "Remember" in Exodus. A Midrash reconciles this by saying that God recited both words "in a single utterance."

** This is what Reuben said when he discovered that his brother Joseph was missing. Genesis 31:30.

נרות שבת אסנת אלדר

"... הֱבִיאַנִי הַמֶּלֶךְ חֲדָרָיו..." שִׁיר הַשִּׁירִים: א,ד

עֵת אָבוֹא בַּחֲדָרֶיךָ
הֲתִרְאֵנִי?
אֶתְהַלֵּךְ בֵּינֵיהֶם בְּגַמְלוֹנִיּוּת
לֹא אֶחֱשֹׁשׁ לְהַפִּיל בְּדַרְכִּי אֶת הַפָּמוֹטִים.
כְּבָר שָׁבַרְתָּ לִי אֶת הַ'שָּׁמוֹר'
נִשְׁאַרְתִּי עִם הַ'זָּכוֹר'
שֶׁעָלָיו נֶעֶרְמוּ זִכְרוֹנוֹת הַשַּׁבָּת הַהִיא
שֶׁבָּהּ אָטַמְתָּ אֶת חֲדָרֶיךָ
שֶׁלֹּא תִּרְאֶה
שֶׁלֹּא תִּשְׁמַע
שֶׁלֹּא תֵּדַע.
שָׁבוּעוֹת מִתְהַלֶּכֶת
גּוֹלָה בְּאַרְצִי וּבֵיתִי זָר לִי
נֵרוֹת שַׁבָּת מַמְשִׁיכִים לְהָאִיר
כְּהֶרְגֵּל מְגֻנֶּה שֶׁסִּגַּלְתִּי.
בֵּין גִּלּוּי לְכִסּוּי
מְהַבְהֶבֶת נִשְׁמָתִי
מְסַמֶּנֶת לִי שֶׁיֵּשׁ עוֹד צֹהַר
הַמַּזְמִין אוֹתִי לְאַחוֹת אֶת שִׁבְרֵי הַ'שָּׁמוֹר'
לְהַדְלִיק אֶת הַ'זָּכוֹר'
לְהַכְנִיס אֶת הַשַּׁבָּת כְּצֹרֶךְ, כְּצִפִּיָּה
לִדְאֹג שֶׁהַדְּמָעוֹת לֹא יְכַבּוּ אֶת הַנֵּרוֹת

Shabbat Candles Osnat Eldar

> *"...The king has brought me to his chambers..." Song of Songs 1:4*

When I come into Your chambers

Will You receive me?

I'll be walking awkwardly

And won't worry about dropping my candlesticks on the way.

You already broke the "Protect"* commandment

I am left with the "Remember"*

On which are heaped the memories of that Shabbat

When You sealed your chambers

So You wouldn't see

So You wouldn't hear

So You wouldn't know.

For weeks I have been walking,

An exile in my land and a stranger in my home

Shabbat candles continue to cast light

Like a shameful customary habit.

Between the revealed and the hidden

My soul flickers

Signaling to me that there is still an opening

Inviting me to unite the fragments of the "Protect"

To light the "Remember"

To welcome the Shabbat as a need, an expectation

To make sure that tears do not extinguish the candles.

---

*   The Ten Commandments say "Protect/Keep the Sabbath day" in Deuteronomy
and "Remember the Sabbath day" in Exodus.

בכל צפרא דשבתא אני רוצה למות

עמוס נוי

שַׁבָּת בַּבֹּקֶר: גְּלְגָּלוֹת מִתְגַּלְגְּלוֹת
לִצְרוֹר דִּלְעֵילָא שָׁם לְגַלּוֹת
טַעַם תְּרֵיסַר חַלּוֹת
דְּבַשׁ שֶׁהָפַךְ לְדָם
נֶחֱזֶה בְּיָפְיוֹ אַךְ לֹא בְּיָפְיָם
נֶחֱזֶה בִּכְבוֹדוֹ אַךְ לֹא בִּכְבוֹדָם
אֲנַחְנוּ בִּכְבוֹדָם כְּבָר לֹא נֶחֱזֶה
כָּל חַיֵּינוּ בָּעוֹלָם הַזֶּה
אֲזַמֵּן בִּתְלָתָא
לְכוֹס שֶׁל בְּרָכָה
שֶׁהַבְּרָכָה שְׁרוּיָה בַּכּוֹס
וּבְכָל הָעוֹלָם צְוָחָה
אֲנִי אֲזַמֵּן בִּתְלָתָא
וּבְכָל הָעוֹלָם צְוָחָה
יָא רִבּוֹן עוֹלָם וְעוֹלָמִים
אַתָּה הַמִּתְעַלֵּם בַּנֶּעֱלָמִים
כְּמוֹ הַסִּיבִּילָה גַּם אֲנִי רוֹצֶה לָמוּת
בְּכָל צַפְרָא דְּשַׁבַּתָּא אֲנִי רוֹצֶה לָמוּת
אֲנִי לֹא אֶסְלַח לְךָ אֲדוֹנִי
לֹא אֲנִי לֹא אֶסְלַח לְךָ אֲדוֹנִי
בְּצַפְרָא דְּשַׁבַּתָּא אֲנִי
לֹא אֶסְלַח לְךָ עַל בָּנֶיךָ וּבְנוֹתֶיךָ
וַאֲנִי לֹא אֶסְלַח לְעַצְמִי עַל בְּנִי
סְעוּדָה מְסֻדֶּרֶת: בִּשְׂדֵה תַּפּוּחֶיךָ הַקְּדוֹשִׁים
עַל כָּל צַמְּרוֹת הָאִילָנוֹת תְּלוּיִים רָאשִׁים

Every Tzafra De'Shabata* I Want to Die Amos Noy

Shabbat morning: skulls are rolling
Towards the heavenly bundle to discover there
The taste of a dozen challahs
Honey turned into blood
We will gaze at His splendor but not at theirs
We will gaze at His glory but not at theirs
Their glory will no longer be seen
While we live in this world
I shall say grace with three
Over a cup of blessing
The blessing is in the cup
While the whole world is shrieking
I say grace with three
While the whole world is shrieking
Oh! Master of all the worlds
Who disappears among the hidden.
Like the Sybil, I, too, want to die
Every Shabbat morning I want to die
I will not forgive you My Lord
No, I will not forgive you My Lord
On Shabbat morning I
Will not forgive you for your sons and daughters
And I will not forgive myself for my son
A well-prepared meal: in the field of your Holy apples
Heads are hanging on all the treetops

---

*   This poem has several mystical references to several Aramaic piyyutim including
one composed by the 16th century kabbalist, Rabbi Isaac Luria. The piyyut begins
Asader L'Seudata b' Tzafra DeShabbata which means "I shall prepare a meal for
Shabbat morning." The Zohar connects this meal to a field of holy apples which
represents the Garden of Eden.

הותר לפרסומא ליטל קפלן

אֶפְשָׁר לֶאֱרֹז אֶת הַחֲנֻכִּיּוֹת
וּלְהָשִׁיבָן לַוִּיטְרִינוֹת
הַנֵּס לֹא מַצְלִיחַ לֶאֱחֹז בִּפְתִיל יָמֵינוּ,
וְזֶה לֹא עִנְיָן שֶׁרָאוּי לְפִרְסוּם
הַמָּוֶת עָלָה בְּחַלּוֹנֵנוּ,
וְשׁוּם חֲנֻכִּיָּה שֶׁהִנַּחְנוּ עַל קַו
הַתֶּפֶר
בֵּין הַבַּיִת לִרְשׁוּת הָרַבִּים,
לֹא הִצְלִיחָה לַחֲסֹם אֶת דַּרְכּוֹ.
לְמַעֲשֶׂה הַמָּוֶת יוֹשֵׁב בְּסָלוֹנֵנוּ,
עַל הָרִצְפָּה הַקָּרָה,
מְסוֹבֵב בְּדַוְקָאוּת סְבִיבוֹן
עוֹפֶרֶת,
בּוֹ שְׁתֵּי פֵּאוֹת מְחוּקוֹת,
וְהַנּוֹתָרוֹת מְקַרְקְשׁוֹת, בְּכָל
נְפִילָה:
הָיָה פֹּה.
הָיָה פֹּה

Cleared for Publication*   Lital Kaplan

We can pack up the hanukiot

And put them back in the cabinet

The miracle can't kindle our days' wick,

And it's not something worth publicizing

Death climbed through our window,

And no hanukiah we placed on the

Seam line

Between home and the public domain,

Could block its way.

Death is actually sitting in our living rooms,

On the cold floor,

Spitefully spinning a dreidel

Of lead,

Two of its faces erased,

The remaining ones rattle, with every

Fall:

Happened here

Happened here. **

---

*   TV and radio announcers say "*hutar l'firsum*" before reading the names of fallen soldiers. "*Pirsuma*" in the title is an Aramaic word used to explain that the hanukiah is a way of publicizing the Hanukah miracle by placing it facing "the public domain."

**   The faces that were erased, nun and gimel, represented "A Great Miracle."

התר לפרסום דעאל רודריגז גארסיה

הֻתַּר לְפִרְסוּם
כִּי לִבֵּנוּ נִשְׁבַּר.
וּבַמִּסְתָּרִים
בַּחֲדָרִים רֵיקִים
רִבְבוֹת יְבָבוֹת
נֶחְנָקוֹת בְּלִי קוֹל.
הֻתַּר לְפִרְסוּם
כִּי דָּמֵנוּ הֻתַּר.
וְנִבְזַזְנוּ בָּאֲפֵלָה
מִן הַיָּקָר מִכָּל יָקָר.
כְּבָר הֻתַּר לְפִרְסוּם
כִּי זִיווֹ הַקָּסוּם הַמַּבְהִיק
מִפְּנֵי זֶה שֶׁאָהַבְנוּ, כָּבָה.
אֲבָל תַּחַת אוֹתָהּ אֲדָמָה
כְּבָר מֵנֵץ צֶמַח עַקְשָׁן
מַשְׁרִישׁ עַד אֵין קֵץ
וְנִלְפַּת אַהֲבָה.

Cleared for Publication*   Dael Rodrigues Garcia

Cleared for publication:

That our hearts are broken

And in hidden places**

In empty rooms

Thousands of sobs

Are silently choking.

Cleared for publication:

That open season was declared on us

We were plundered in the dark

Of the most precious of the precious

It is already cleared for publication:

That the magical shining light

Of our beloved's face has been extinguished.

However, beneath the same soil

A stubborn plant is sprouting

Sending roots without end

Tightly grasped with love.

---

*   TV and radio announcers say this before reading the names of the soldiers killed in battle. The word *hutar.*is used here and in the line referring to "open season".

**   Hidden places: In Jeremiah 13:17, God says "If you do not heed this, my soul will cry in hidden places because of pride." The Talmud explained that God has a hidden chamber where He weeps for Israel's pride which was taken from it and given to other nations. The sages questioned the presence of weeping, since I Chronicles 16:27 says that "it is joyful in His place." They explained that the innermost chambers are for hidden weeping, while in the outer chambers there is no weeping. Talmud Hagigah 5b.

עוד דף בהגדה שורי חזן

פֶּסַח תשפ"ד קַדֵּשׁ וּצְרַח
כָּל כָּךְ הַרְבֵּה הִשְׁתַּנָּה
הַשֻּׁלְחָן מָלֵא חֲלָלִים רֵיקִים
כְּאֵב נִטְמַן בַּחוֹרִים וּבַסְּדָקִים
כּוֹתְבִים פֶּרֶק בְּהַגָּדַת הַשָּׁנִים
פֶּסַח תשפ"ד קַדֵּשׁ וּצְרַח
נוֹתָר דָּם עַל הַמַּשְׁקוֹף
הַשֻּׁלְחָן מָלֵא חֲלָלִים רֵיקִים
הִיא שֶׁעָמְדָה אוּלַי תַּעֲמֹד לָנוּ
כּוֹתְבִים דַּף בְּהַגָּדַת הַשָּׁנִים
מְבַקְּשִׁים חֵרוּת צַחָה מִכִּתְמֵי יַיִן
נוֹתָר דָּם עַל הַמַּשְׁקוֹף
מֵהָהָר וּמֵהַשָּׂדוֹת מְקַבְּצִים רוּחַ
הִיא שֶׁעָמְדָה אוּלַי תַּעֲמֹד לָנוּ
תִּקְוָה זְקֵנָה מְלַטֶּפֶת אֶת עָרְפֵּנוּ
מְבַקְּשִׁים חֵרוּת צַחָה מִכִּתְמֵי יַיִן
וְהִגַּדְתָּ לְבִנְךָ שֶׁבְּכָל הַלֵּילוֹת
מֵהָהָר וּמֵהַשָּׂדוֹת מְקַבְּצִים רוּחַ
תִּקְוָה זְקֵנָה מְלַטֶּפֶת אֶת עָרְפֵּנוּ
תְּפִלָּה יְשָׁנָה שְׂפָתֶיהָ מְמַלְמְלוֹת

Another Page in the Haggadah Shuri Hazan

Passover 2024 *kadesh utzrach**

So much has changed

The table is filled with empty spaces

Pain is hidden in holes and cracks**

A page is being written in a Haggadah for the ages

Pesach 2024 *kadesh utzrach*

Blood remains on the lintel

The table is filled with empty spaces

May that which sustained us, sustain us again

A page is being written in a Haggadah for the ages

We seek a freedom unsullied by wine

Blood remains on the lintel

From the mountains and the fields where the wind gathers

May that which sustained us, sustain us again

An old hope caresses our necks

We seek a freedom unstained by wine

And you shall tell your child that on all nights

From the mountains and the fields where the wind gathers

An old hope caresses our necks

Its lips murmuring an old prayer.

---

*   The first two steps of the Passover seder are *kadesh*, the blessing of the wine, and *urchatz*, washing the hands. The first line changes the latter to *utzrach*, meaning scream.

** The Code of Jewish Law instructs us to search holes and cracks in our homes to gather the *chametz* prior to Passover. *Shulchan Arukh, Orech Chaim* 432.

בעבור זה אסנת אלדר

סָבִי שֶׁתַּק אֶת כָּל הַזְּוָעוֹת שֶׁנֶּחֶרְטוּ בְּגוּפוֹ
רַק מִסְפָּר דָּהוּי עַל אַמַּת יָד שְׂמֹאל
נִשְׁאַר כְּצֹפֶן לֹא מְפֻעְנָח שֶׁל עֲבָרוֹ
"בַּעֲבוּר זֶה עָשָׂה ה' לִי" מִלְמֵל בַּעֲרֹב יָמָיו
אָז כְּבָר לֹא הִקְשַׁבְתִּי
אֲנִי לֹא דּוֹבֶרֶת פּוֹלָנִית.
פַּעַם יָדַעְתִּי לִשְׁאֹל
בְּחָכְמָה, בִּתְמִימוּת, בְּקַמְצוּץ שֶׁל רִשְׁעוּת
דִּלַּגְתִּי בְּקַלִּילוּת מֵחֻרְבָּן לִגְאֻלָּה
מִימֵי הַזִּכָּרוֹן לַתְּקוּמָה
הַ"בַּעֲבוּר זֶה" הִשְׁקִיט אֶת פַּחַד לֵילוֹתַי.
בְּנוֹתַי מַבִּיטוֹת בִּי בְּמַבָּט שֶׁאֵינוֹ יוֹדֵעַ לִשְׁאֹל
אֲנִי רוֹצָה לִפְתֹּחַ לָהֶן
לְיַצֵּב אֶת אַדְמָתָן הַסְּדוּקָה
לְסַמֵּן לָהֶן אֶת הָאָרֶץ הַמֻּבְטַחַת.
אוּלָם הַשַּׁבָּת הַהִיא
עוֹצֶרֶת אוֹתִי מִלְּהַבְטִיחַ לָהֶן
"בַּעֲבוּר זֶה עָשָׂה ה' לִי בְּצֵאתִי מִמִּצְרָיִם"

It is Because Osnat Eldar

My grandfather kept silent about all the horrors carved into his body

Only the fading number on his left forearm

Remained as an undeciphered code of his past.

"It is because of what God did for me" he mumbled in his waning days.

Back then I didn't pay attention

I didn't speak Polish.

Once I had known how to ask

Intelligently, innocently, with a pinch of malice.

I skipped lightly from destruction to redemption

From days of remembrance to rebirth

The "It is because" silenced my nighttime fears.

My daughters look at me like the child who does not know how to ask

I want to prompt them

In order to stabilize their fractured land

To delineate for them the promised land

But that Shabbat

Holds me back from promising them

"'It is because of what God did for me when I left Egypt'"*

---

* As for the child who does not know how to ask, you must prompt him [or: you must initiate the conversation with him], for it is written (Exodus 13:8) "It is because of what God did for me when I left Egypt." — Passover Haggadah

דחליל אסנת אלדר

בְּשָׁעָה שֶׁנְּחִיל כטבמ"ים מְאַיֵּם לְהַחֲרִיב אֶת שְׂדוֹתַי
(כָּךְ חוֹשְׂפִים מְקוֹרוֹת זָרִים)
אֲנִי עוֹמֶדֶת
רַגְלַי נְטוּעוֹת עָמֹק בָּאֲדָמָה
הַמְּנַסָּה לְהָקִיא אוֹתִי מֵעָלֶיהָ כְּבָר יוֹתֵר מֵ- 40 שָׁנָה
אֲפִלּוּ אֹמֶץ לְבַקֵּשׁ אֵין לִי אֹמֶץ
הוּבַסְתִּי
לֹא מֹשֶׁה אָנֹכִי וְאֵין מַשְׁמָעוּת אִם אָרִים יָדִי אוֹ אֲנִיחֶהָ
עָיַפְתִּי
אֵין לִי כֹּחַ לְהַמְשִׁיךְ וְלִנְדֹּד
לְתֻמִּי חָשַׁבְתִּי שֶׁיָּצָאנוּ מִמִּצְרַיִם
עֲשֵׂה בִּי כִּרְצוֹנְךָ
בֶּאֱמֶת
אִבַּדְתִּי אֶת הָרָצוֹן
לְהִתְנַגֵּד
לַחְשֹׁב
לְהַרְגִּישׁ
לָשִׁיר
עוֹמֶדֶת דַּחְלִילִית בְּיָדַיִם פְּשׁוּטוֹת
יַתּוּשִׁים שֶׁל אָבִיב מַתְסִיסִים אֶת דָּמִי
עוֹד שְׁבוּעוֹת סְפוּרִים נַחֲזֹר לְבָרֵךְ עַל הַטַּל
וַאֲנִי,
עוֹד לֹא הִצְלַחְתִּי לְהַחֲלִיף הַשָּׁנָה אֶת הָעִתִּים

Scarecrow   Osnat Eldar

While a swarm of drones threatens to destroy my fields

(So foreign sources reveal)

I am standing

My feet planted deep in the soil

That has tried to spew me out for more than 40 years

I don't even have the courage to ask for courage

I am defeated

I am no Moses. It doesn't matter if I hold up my hands or let them fall*

I am tired

I have no strength to continue and to wander

I naively thought we had left Egypt

Do unto me as You will

Truthfully

 I have lost the will

  To resist

   To think

    To feel

     To sing

I stand like a scarecrow with outstretched hands

Spring mosquitoes are inciting my blood

In a few weeks we will again start praying for dew**

And I,

I haven't even managed this year to change the seasons***

---

*   Whenever Moses held up his hand, Israel prevailed; but whenever he let down his hand, Amalek prevailed. Exodus 17:11.

**   We recite the prayer for dew on the first day of Passover.

*** From the evening service: "God brings on evenings, with wisdom God opens the gates (of dawn), and with understanding alters the times and changes the seasons."

חטופים
HOSTAGES

"מִמִּנְהָרוֹת הַצַּעַר..."

"From the tunnels of sorrow..."

לא מגש ולא כסף

אלי אליהו

וְהָאָרֶץ תִּשְׁקֹט, עֵין שָׁמַיִם אוֹדֶמֶת
תְּעַמְעֵם לְאִטָּהּ עַל גְּבוּלוֹת עֲשֵׁנִים,
וְאֻמָּה תַּעֲמֹד - קְרוּעַת לֵב, לֹא נוֹשֶׁמֶת,
כִּי נֶעֶלְמוּ נְעָרוֹת וְלֹא שָׁבוּ בָּנִים
הִיא תָּשׁוּשׁ אֱלֵי קְרָב לִנְקֹם עַל הַצַּעַר
וְתַפִּיל סְבִיבָהּ רַק עוֹד דָּם וְאֵימָה.
אָז מִנֶּגֶד יֵצְאוּ נַעֲרָה וָנַעַר
וְאַט אַט יִצְעֲדוּ הֵם אֶל מוּל הָאֻמָּה.
לוֹבְשֵׁי חוֹל וְעָפָר וְכִבְדֵי נַעֲלַיִם
בַּנָּתִיב יַעֲלוּ הֵם, הָלוֹךְ וְהַחְרֵשׁ,
לֹא הֶחֱלִיפוּ בִגְדָם, לֹא שָׁתוּ טִפַּת מַיִם,
מִמִּנְהָרוֹת הַצַּעַר יָבוֹאוּ, מִתֹּפֶת הָאֵשׁ,
עֲיֵפִים עַד בְּלִי קֵץ, נְזִירִים מִמַּרְגּוֹעַ,
נוֹטְפֵי זֵעַת פַּחַד מִלֵּילוֹת שִׁמּוּרִים,
דֹּם הַשְּׁנַיִם יִגְּשׁוּ וְעָמְדוּ לִבְלִי נוֹעַ
וְאֵין אוֹת אִם חַיִּים הֵם אוֹ אִם יְרוּיִים.
אָז תִּשְׁאַל הָאֻמָּה שְׁטוּפַת דֶּמַע וָרַעַד
וְאָמְרָה: "מִי אַתֶּם?" וְהַשְּׁנַיִם שׁוֹקְטִים
יַעֲנוּ לָהּ: "אִם לֹא תְּשִׁיבוּנוּ הַבַּיְתָה
לֹא תָּשׁוּב עוֹד לִהְיוֹת מְדִינַת יְהוּדִים".
כָּךְ אָמְרוּ וְנָפְלוּ לְרַגְלָהּ עוֹטְפֵי צֵל
וְהַשְּׁאָר יְסֻפַּר בְּתוֹלְדוֹת יִשְׂרָאֵל.

Neither Silver nor a Platter* Eli Eliahu

And the land will grow still, the red eye of the sky

Slowly dimming over smoking frontiers

As the nation arises, hearts torn, not breathing,

For sons did not return and girls disappeared.

It will hanker for war to avenge its misery

And around it will spread only more blood and fear.

Then from afar, stepping out, pacing slowly,

Facing the nation, a girl and boy draw near.

Wearing sand and dirt, their shoes heavy

In silence they climb up the trail

They had no change of clothes, not a drop of water

From the tunnels of sorrow they come, from the fires of hell.

Unendingly tired, deprived of rest

Sweating fear of sleepless nights,

They approach mutely and stand ever so motionless

No sign if they are shot or alive .

Then the nation, shivering and in tears

Will ask "Who are you?" And the two will softly say

"If you do not bring us back home

There will no longer be a Jewish state"

So they will say, and clad with shadow at her feet they will fall,

And the rest - in the chronicles of Israel will be told.

---

* This is a retelling of Natan Alterman's classic 1947 poem "The Silver Platter" about the sacrifices involved in establishing the Jewish State.

ואלה שמות

יעל ליפשיץ

"וְאֵלֶּה, שְׁמוֹת בְּנֵי יִשְׂרָאֵל, הַבָּאִים, מִצְרָיְמָה"
שמות א' א'

וְאֵלֶּה שְׁמוֹת בְּנֵי יִשְׂרָאֵל
שְׁמוֹנִים וְעוֹד שִׁשָּׁה לֵילוֹת
וְאֵלֶּה שְׁמוֹת הַמְּכֻסִּים בַּעֲלָטָה.
וְאֵלֶּה שְׁמוֹת יוֹרְדִים לִתְהוֹמוֹת יָגוֹן
שֶׁנִּגְדְּעוּ מֵחַיֵּיהֶם בְּחֵטֶף.
וְאֵלֶּה שְׁמוֹת בְּנֵי יִשְׂרָאֵל שֶׁשַּׁוְעָתָם
עוֹלָה מֵעֹמֶק מְחִלּוֹת הָאֲפֵלָה
וְאֵין מַלְאָךְ וְאֵין שָׂרָף שֶׁיּוֹשִׁיעָם
וְאֵין אַף לֹא לָשׁוֹן אַחַת שֶׁל גְּאֻלָּה.
אַךְ יֵשׁ תִּקְוָה
וְלָהּ כְּנָפַיִם מַרְעִידוֹת
שֶׁבִּיכָלְתָּהּ לִפְרֹץ הַמֵּצָרִים,
לִקְרֹא לָהֶם בִּשְׁמָם
וְלִמְשׁוֹתָם
לַהֲשִׁיבָם אֶל אֶרֶץ הַחַיִּים

These are the Names Yael Lifshitz

> *"These are the names of the children of Israel who came to Egypt."*
> *Exodus 1:1*

And these are the names of the children of Israel

Eighty and another six nights

And these are the names of those covered by darkness.

And these are the names of those descending into the abyss of grief

Whose lives were snatched and cut off.

And these are names of the children of Israel whose cry

Rises from the depth of the tunnels of darkness

And there is no angel nor seraph* to save them

Not even a single expression of deliverance.**

But there is hope

Whose wings tremble

With the power to break through the straits***

To call them by their names

And draw them out

To bring them back - to the land of the living.

---

*   "And the Lord took us out; not through an angel, and not through a seraph." Passover Haggadah.

** There are four different terms used by God in describing the deliverance from Egypt, as it states, (Exodus: 6—7) "I shall bring forth", "I shall deliver", "I shall redeem", and "I shall take out". -Rashi

*** The Hebrew word for straits is similar to the Hebrew word for Egypt.

תפילה אביטל נדלר

כְּשֶׁתַּחְזְרִי
נֵשֵׁב רַק שְׁתֵּינוּ בַּמִּקְלַחַת,
אַתְּ בְּתוֹךְ הַמַּיִם הָרַכִּים
אֲנִי מוּלֵךְ,
אֲחֻפֵּף בַּעֲדִינוּת אֶת שְׂעָרֵךְ
אֶמְחַק אֶת כָּל זִכְרוֹנוֹתַיִךְ,
אָשִׁיר לָךְ שִׁיר עַל יָקִינְטוֹן
וְגֶשֶׁם שֶׁדִּגְדֵּג אֶת הַחַלּוֹן,
אֲנַקֶּה הֵיטֵב בֵּין אֶצְבְּעוֹת רַגְלַיִךְ
כָּל גַּרְגֵּר שֶׁל מִנְהָרוֹת.
אֲסַפֵּר לָךְ עַל יָרֵחַ שֶׁזָּרַח
כָּל כָּךְ הַרְבֵּה לֵילוֹת כָּאן בִּלְעָדַיִךְ.
אֶמְחֶה אֶת דִּמְעוֹתַי מֵעַל פָּנַיִךְ
וְדִמְעוֹתַיִךְ יִשָּׁטְפוּ בְּזֶרֶם מַיִם רַךְ.
אֶקְלַע צַמָּה בִּשְׂעָרֵךְ
אַלְבִּישׁ אוֹתָךְ פִּיגָ'מָה
רַק שְׁתֵּינוּ בַּמִּטָּה
וְחִבּוּק שֶׁל דְּאָגָה
וְתִקְוָה
וְאַהֲבָה
וּפַחַד וּתְפִלָּה –
שֶׁלֹּא תִּהְיֶה הַפַּעַם הַבָּאָה.

Prayer Avital Nadler

When you return

We'll sit, just the two of us, in the shower

You, in the gentle water

I, facing you

Will gently wash your hair

Erase all your memories

Will sing to you the song of the hyacinth*

And of the rain tickling the window

I will carefully clean from between your toes

Every trace of the tunnels

I will tell you about the moon that shone

So many nights when you weren't here

I will wipe the tears off your face

The gentle water will wash them away

I will braid your hair

Dress you in pajamas

Just the two of us in bed

And a caring hug

Hope

Love

Fear and a prayer

That there never will be a next time.

---

* This references Leah Goldberg's lullaby "A Hymn for the Hyacinth."

איה משה? אסתר שמיר

לֹא תּוֹדָה, אֲנַחְנוּ לֹא בְּסֵדֶר
לֹא מַמְשִׁיכִים כָּרָגִיל
לֹא מְתַכְנְנִים אֶת לֵיל הַסֵּדֶר
כְּמוֹ כָּל חַג הַחֵרוּת בְּאַפְּרִיל
לֹא נַחְגֹּג יְצִיאַת מִצְרַיִם
אֲנַחְנוּ לֹא בְּנֵי חוֹרִין , כֻּלָּנוּ שְׁבוּיִים
לֹא נִשְׁתֶּה אַרְבַּע כּוֹסוֹת יַיִן
לֹא נִקְרָא הַגָּדָה מְסֻבִּים וּשְׁתוּיִים.
מָה נִשְׁתַּנָּה הַפֶּסַח הַזֶּה?
שֶׁלֹּא הוֹשִׁיעָנוּ עֲדַיִן מִיָּדָם.
מִי זֶה שֶׁלֹּא מַרְגִּישׁ בְּלִבּוֹ מִנְהֲרוֹת חֲטוּפִים
חֲפוּרוֹת בְּכָל נִימֵי הַדָּם.
אָז לֹא, אֲנַחְנוּ לֹא בְּסֵדֶר!
אַיֵּה מֹשֶׁה שֶׁיַּעֲבִירֵנוּ בֶּחָרָבָה?
שֶׁלֹּא יוֹתִיר אֶת עַמּוֹ בַּשֶּׁבִי
שֶׁלֹּא יַשְׁאִיר יִשְׂרָאֵל חֲרֵבָה.

Where is Moses? Astar Shamir

No, thanks. We're not okay [*b'seder*]

We're not continuing as usual

We're not planning the Seder

As though it were the normal April festival of freedom

We won't celebrate the Exodus from Egypt

We aren't free, we are all captives

We won't drink four glasses of wine

We won't read the Haggadah reclining and intoxicated.

How is this Pesach different? [*Mah nishtanah*]

He hasn't yet delivered us from their hands.

Who doesn't feel the hostage tunnels in his heart,

Burrowed into his blood vessels.

So no, we are not *b'seder!*

Where is Moses to lead us across on dry land [*charavah*]?

Who wouldn't leave his people in captivity

Who wouldn't leave Israel destroyed [*charevah*]

זה רק מקרי

אורית קלופשטוק

זֶה רַק מִקְרִי שֶׁהֵם תָּפְסוּ אוֹתָךְ וְלֹא אוֹתִי
עַמֵּךְ עַמִּי
דָּמֵךְ דָּמִי
פַּעַם הָיִית עֵדֶן, נֶטַע אוֹ שָׁנִי
הַיּוֹם אַתְּ הַהִיסְטוֹרְיָה הַיְּהוּדִית
בַּפַּעַם הַשֵּׁשׁ מִילְיוֹן וְאַחַת אַתְּ מוֹכִיחָה
הַהִיסְטוֹרְיָה לְעוֹלָם חוֹזֶרֶת
גּוּפֵךְ בֵּית מִקְדָּשׁ חָרֵב
וַאֲנִי צִפּוֹר
נִמְלַטְתִּי מִפַּח יוֹקְשִׁים
אֲנִי אִתָּךְ
בַּאֲשֶׁר תִּצְרְחִי אֶצְרַח.

It's only by Chance   Orit Klopstock

It's only by chance that they caught you and not me

Your people is my people*

Your blood is my blood

Once you were Eden, Neta, or Shani

Today you are Jewish history

For the six millionth time plus one you prove

That history always repeats itself

Your body a destroyed temple

And I, a bird

Escaped from the trappers' snare

I am with you

Whenever you scream, I will scream*

---

*   Ruth 1:16-17 "Your people is my people, your God is my God...Where you die, I die."

מילים
LANGUAGE

"נָפְלוּ הַמִּלִּים אַפַּיִם אַרְצָה..."

"The words fell face down on the ground..."

הנחיות פקוד העורף החדשות לשיחות חולין

ליטל קפלן

"מָה נִשְׁמַע" בֻּטַּל, וּבִמְקוֹמוֹ נִשְׁאַל:
"מָה נִשְׁמַט?"
"מָה נִשְׁבַּר?"
"מָה נִשְׁאַר?"
"מָה קוֹרֶה" נֶאֱסַר וּבִמְקוֹמוֹ נִתְהֶה:
"מָה קוֹרֵס?"
מָה נִקְבַּר?"
בִּמְקוֹם "מָה שְׁלוֹמְךָ?" הֶחָצוּף
נַקְדִּיר פָּנִים מוּל חֲבֵרֵנוּ וְנִשְׁאַל -
"מָה מִלְחַמְתְּךָ"?
וּבִמְקוֹם הַתְּשׁוּבָה הַשְּׁגוּרָה בַּשִּׁגְרָה,
עָלֶיהָ הֻטַּל וֶטוֹ חָמוּר שֶׁבַּחֲמוּרִים:
"אֶצְלִי הַכֹּל בְּסֵדֶר",
יֵשׁ לְהָשִׁיב -
"הַכֹּל בַּסֶּדֶק",
וְהַמַּקְפִּידִים בְּדִבְרֵי אֱמֶת יַעֲנוּ -
"הַכֹּל בְּשֶׁבֶר, הַכֹּל בְּשֶׁבֶר".

Homefront Command's New Regulations for Small Talk Lital Kaplan

"What's up?" Cancelled. Instead use:

"What's shaken up?"

"What's beaten up?"

"What's blown up?"

"What's going on?" Banned. Alternatives:

"What's breaking down?"

"What's forever gone?"

Instead of the rude "How are you?"

We must frown in the face of our friend and ask –

"How war you?"

And instead of the standard response,

Forbidden by strict veto power:

"I'm fine, in fact."

It is required to say –

"Everything's cracked."

And the truthful ones will answer –

"Everything is shattered. Everything is shattered"

אחרי היום ההוא הנורא

אווה מורסיאנו

כְּשֶׁנִּסִּיתִי לִכְתֹּב שִׁירָה
אַחֲרֵי הַיּוֹם הַהוּא הַנּוֹרָא
נָפְלוּ הַמִּלִּים אַפַּיִם אַרְצָה
בְּתִפְזֹרֶת שֶׁל בְּכִי וְאֵימָה.
כְּשֶׁעָלָה בְּיָדִי לִכְתֹּב שִׁירָה
אַחֲרֵי הַיּוֹם הַהוּא הַנּוֹרָא
הִיא בָּאָה קְטַנָּה עַל
פְּתָקִים זְעִירִים
צְעָדִים מְהַסְּסִים
עַל רַגְלֵי גַּפְרוּרִים
מִתְבַּיֶּשֶׁת שֶׁאֵין לָהּ
מַסְפִּיק מִלִּים.

After That Terrible Day   Eva Murciano

When I tried to write poetry

After that terrible day

The words fell face down on the ground

In a haphazard pile of crying and fear

And when I was again able to write poetry

After that terrible day

It emerged diminished in

Tiny notes

Tentative steps

On matchstick feet

Ashamed it does not have

Words enough.

תשבץ   אברהם שרון

בְּהַגְדָּרָה אַחַת

יִהְיֶה כָּתוּב בַּתַּשְׁבֵּץ

מַחֲנֵה הַשְׁמָדָה

וּמִישֶׁהוּ יַגִּיד

אוֹשְׁוִיץ

אֲבָל זֶה רַק אַרְבַּע אוֹתִיּוֹת

יַגִּיד מִישֶׁהוּ שֶׁכּוֹסֵס עִפָּרוֹן

הוֹפֵךְ אוֹתוֹ

לְכוֹנְנוּת מְחִיקָה

וְחוֹשֵׁב עַל הַתְּשׁוּבָה

וְנַעֲרָה אַחַת

מִקִּבּוּץ בְּאֵרִי

תַּגִּיד: אֲנִי יוֹדַעַת

זֶה הָיָה בֵּיתִי

Crosswords   Avraham Sharon

A crossword clue

Will say

Death Camp

And someone will answer

Auschwitz

But there are only four letters*

Someone biting a pencil will say

Turning it

To erasing mode

Searching for an answer

And a girl

From Kibbutz Be'eri

Will say: I know

It was my home

---

* The Hebrew word Be'eri has four letters.

כמעט שכולה

טלי אשר

אֲנִי אֵם כִּמְעַט שַׁכּוּלָה
כָּל יוֹם עוֹד קְצָת שַׁכּוּלָה
אֲנִי עַל אֶדֶן הַשְּׁכוֹל
אֵם פְּרֵה-שַׁכּוּלָה טְרוֹם-שַׁכּוּלָה תַּת-שַׁכּוּלָה
שְׁקוּלָה לְאֵם שַׁכּוּלָה
אֲנִי אֵם מַעֲלָה לְעוֹלָה
נִבְהֲלוּ עֲצָמַי שֶׁכְּלֵי שַׁכּוּלָה
בִּמְחִילָה שַׁכּוּלָה
לְאַט לְאַט שַׁכּוּלָה
עוֹד מְעַט
שַׁכּוּלָה

Almost Bereaved   Tali Asher

I am an almost bereaved mother

Each day a bit more bereaved

I am on the threshold of bereavement

A pre-bereaved not-yet-bereaved under-bereaved mother

Equal to a bereaved mother

I am a sacrificing mother

My bones shiver as I am totally bereaved

Forgive my bereavement

Little by little becoming bereaved

Soon

Bereaved

אחרי הכל אברהם שרון

אַחֲרֵי הַכֹּל
צְרִיכָה לְהִבָּרֵא שָׂפָה חֲדָשָׁה.
דְּבָרִים שֶׁאִי אֶפְשָׁר לְתָאֵר
בְּמִלִּים שֶׁשָּׂפָה אֱנוֹשִׁית מְאַפְשֶׁרֶת.
אַחֲרֵי הַכֹּל
הַמִּלִּים יִוָּתְרוּ מְגֹאָלוֹת בְּדָם.
עִם הַשָּׁנִים יִצְטַלְּקוּ
גַּם הַפְּצָעִים שֶׁלֹּא יַגְלִידוּ.
עִם הַשָּׁנִים
תִּבָּרֵא שָׂפָה שֶׁטֶּרֶם נִבְרְאָה.
כִּי אִי אֶפְשָׁר יִהְיֶה לְהָכִיל הַכֹּל
רַק בְּשֶׁבֶר
רַק בִּזְעָקָה
רַק בִּשְׁתִיקָה.
יִהְיֶה צֹרֶךְ לְתָאֵר אֶת הַזְּוָעָה
בְּמִלִּים.
טֶרֶם יִטְרֹף הַטֵּרוּף
אֶת שְׁאֵרִיּוֹת הַשְּׁפִיּוּת.

After it is all Over Avraham Sharon

After it is all over

A new language must be created.

For things impossible to describe

In words permitted in human language.

After it is all over

The words will remain contaminated with blood

As years go by, they will become scarred

Together with the wounds that will scab over.

As years go by

A language as yet uncreated will be created

Because it will be impossible to contain everything

With only a break

With only a scream

With only silence.

It will be necessary to describe the horror

In words

Before madness devours

The remnants of sanity.

אבדן
LOSS

"עַל חֲלוֹמוֹת אַל תִּשְׁאֲלוּ אוֹתִי..."

"Don't ask me about dreams..."

אחיזת עינים   מיכאל זץ

מַדְהִים
אֵיךְ הַכֹּל נִרְאֶה
זֵהֶה,
גַּם
כְּשֶׁכְּלוּם
לֹא נִשְׁאַר
אוֹתוֹ דָּבָר.

Illusion   Michael Zats

Amazing

How everything looks

Unchanged,

Even

When nothing

Remains

The same.

מאז מיכאל זץ

מֵאָז אוֹתָהּ שַׁבָּת שְׁחוֹרָה
תָּמִיד תַּנִּיחוּ
שֶׁגַּם עִם עֵינַיִם עֲצוּמוֹת,
אֵינֶנִּי יָשֵׁן.
גַּם עַל חֲלוֹמוֹת
אַל תִּשְׁאֲלוּ אוֹתִי,
אֲנִי חוֹמֵק מִסִּיּוּטִים
כְּמוֹ מִכַּדּוּרִים

Ever Since Michael Zats

Ever since that black Shabbat

Always assume

That even if my eyes are closed

I am not asleep.

Don't ask me

About dreams either.

I avoid nightmares

As though they were bullets.

יום טוב טל שביט

אֲנִי רוֹצָה לְנַהֵל אֶת כָּל הַחָמָ"לִים
לְשַׁנֵּעַ אֶת כָּל הַצִּיּוּדִים
אֲנִי רוֹצָה לְטַפֵּל בְּכָל הַיְלָדִים
שֶׁל הָאִמָּהוֹת הַיְחִידָנִיּוֹת
וְשֶׁאֵינָן
אֲנִי רוֹצָה לַהֲפֹךְ עַצְמִי לְוֶסְטִים
עֲבוּר כָּל הַנִּלְחָמִים
וּלְכִפּוֹת מְגִנּוֹת מֵעַל רָאשֵׁיהֶן
שֶׁל כָּל הַיְלָדוֹת
כֻּלָּן.
לִתְמֹךְ בְּכָל הַמִּשְׁפָּחוֹת
הַמְּפֻנּוֹת
הַנִּשְׁבָּרוֹת
הַמְּרֻסָּקוֹת.
לְהָשִׁיב אֶת כָּל הָאֲבֵדוֹת
לְהַחֲזִיר אֶת כָּל הַחֲטוּפוֹת
אֲנִי רוֹצָה לֶאֱסֹף אֶת כָּל הַתְּרוּמוֹת
וְלַהֲבִיאָן לְיַעֲדָן.
לְהַעֲבִיר אֶת כָּל הַהוֹדָעוֹת
לְהָכִין אֶת כָּל הַכְּרִיכִים
לְרַכֵּז אֶת כָּל הַמַּאֲמַצִּים.
אֲבָל בְּיוֹם טוֹב
אֲנִי מַצְלִיחָה
לִפְעָמִים

A Good Day Tal Shavit

I want to manage all the emergency situation rooms,

To mobilize all the supply chains,

I want to take care of all the children,

Of all the single mothers

And those who are gone

I want to turn myself into

Bulletproof vests

For all the fighters,

Become iron domes

Over the heads of all the girls,

Each and every one.

To sustain all the families,

The evacuated

The broken

The crushed.

Return those who were taken,

Bring back all that is gone.

I want to collect all the donations,

And take them where they belong.

To pass all the messages

To make all the sandwiches

To oversee all the efforts.

But on a good day

I manage

Sometimes

לִנְשֹׁם
לִפְעָמִים
לִשְׁתּוֹת
לִפְעָמִים
לְהִתְקַשֵּׁר לַאֲהוּבִים וַאֲהוּבוֹת.
בְּיוֹם טוֹב
אֲנִי מַצְלִיחָה
לִפְעָמִים
לִבְכּוֹת.

To breathe

Sometimes

To drink

Sometimes

To call loved ones.

On a good day

I manage

Sometimes

To cry.

מכתב לזו שברחה טל שביט

זֶהוּ מִכְתָּב לְזוֹ שֶׁבָּרְחָה
יוֹשֶׁבֶת לְבַד
בַּחֲדַר מְלוֹנָהּ.
הַחֶדֶר מוּאָר
בְּעִיר שְׁקֵטָה
בַּנֵּכָר.
זֶהוּ מִכְתָּב לְזוֹ שֶׁבָּרְחָה
לָקְחָה יְלָדֶיהָ
שָׁמְתָם בְּטִיסָה
זֶהוּ מִכְתָּב לְזוֹ שֶׁבָּרְחָה
דְּבוּקָה לַמָּסָךְ
לִבָּהּ
דּוֹאֵב,
נֶאֱכָל
מֵאַשְׁמָה
זֶהוּ מִכְתָּב לְזוֹ שֶׁבָּרְחָה
דִּמְעוֹתֶיהָ זוֹלְגוֹת
בִּרְאוֹתָהּ אֶת אִמָּהּ
קוֹפֶצֶת בְּעֵת הַשִּׂיחָה
הַטִּילִים חוֹלְפִים
מֵעַל לְרֹאשָׁהּ
זֶהוּ מִכְתָּב לְזוֹ שֶׁבָּרְחָה
לְזוֹ שֶׁבָּחֲרָה

A Letter to One Who Ran Away   Tal Shavit

This is a letter to one who ran away

Sitting alone

In her little hotel.

The room is lit

In a silent town

In a foreign land.

This is a letter to one who ran away

Took her children

Put them on a plane

This is a letter to one who ran away

Glued to the screen

Her heart

Grieves,

Consumed

By guilt

This is a letter to one who ran away

Her tears flow

When she sees her mother

Jump when they talk

As missiles pass

over her head

This is a letter to one who ran away

She who chose*

---

*   "Chose" is *bacharah* while "ran away" is *barchah*.

לְזוֹ שֶׁבָּחֲרָה
לְזוֹ שֶׁבָּחֲרָה
בַּחַיִּים.
לֹא יוֹתֵר
אוֹ פָּחוֹת
מִבְּחִירָה
שֶׁל זוֹ שֶׁנִּלְחֶמֶת
שֶׁל זוֹ שֶׁנִּשְׁאֶרֶת
שֶׁל זוֹ שֶׁקּוֹפֵאת
שֶׁל זוֹ שֶׁעוֹזֶרֶת

זֶהוּ מִכְתָּב לְזוֹ שֶׁבָּרְחָה
לְהַזְכִּיר לָהּ לִשְׁמֹט
אֶת הָאַשְׁמָה
לְהַזְכִּיר שֶׁהַכַּעַס
שֶׁאֵלֶיהָ מֻפְנֶה
עִקָּרוֹ הוּא,
שֶׁאֵינֶנָּה
סוֹלַחַת
לְעַצְמָהּ
זֶהוּ מִכְתָּב לְזוֹ שֶׁבָּרְחָה
לְהַזְכִּיר לָהּ לִנְשֹׁם
מְלוֹא אֲוִיר
בְּבִטְנָהּ
לְהַזְכִּיר לָהּ אֶת תַּפְקִידָהּ

She who chose

She who chose.

Life.

Neither more

Nor less

Than the choice of

She who fights

She who stays

She who freezes

She who helps.

This is a letter to one who ran away

To remind her to let go

Of the guilt

To remind her that the anger

Turned towards herself

Is mainly from

One

Who cannot

Forgive

Herself.

This letter is to one who ran away

To remind her to breathe

To fill her belly full

Of air

To remind her of her task

לִשְׁלֹחַ נְשִׁימָה

לְזוֹ שֶׁנִּלְחֶמֶת

לְזוֹ שֶׁעוֹזֶרֶת

לְזוֹ שֶׁקּוֹפֵאת

וּלְזוֹ שֶׁנִּשְׁאֶרֶת.

לְהַזְכִּיר לָהּ

לְחַבֵּק קָרוֹב קָרוֹב

אֶת יַלְדָּהּ,

לְהָזִין הֵיטֵב הֵיטֵב

אֶת נִשְׁמָתָהּ.

זֶהוּ מִכְתָּב לְזוֹ שֶׁבָּרְחָה

לְהַזְכִּיר לָהּ

שֶׁלֹּא בָּרְחָה

אֶלָּא

שֶׁבָּחֲרָה

בְּעַצְמָהּ,

לְהַזְכִּיר לָהּ

שֶׁהִיא אֲהוּבָה,

לְהַזְכִּיר לָהּ

שֶׁהִיא

אַהֲבָה.

To send a breath to

The one who is fighting

The one who is helping

The one who is freezing

The one who is staying.

To remind her

To tightly hug

The little girl,

To nourish well

Her soul.

This is a letter to one who ran away

To remind her

That she did not flee

Rather

She herself chose,

To remind her

She is loved,

To remind her

She is

Love.

ביום רחל שרנסקי דנציגר

בַּיּוֹם אֶפְשָׁר לֶאֱפוֹת עוּגִיּוֹת לִנְשׁוֹת הַמִּלּוּאִימְנִיקִים
בַּיּוֹם אֶפְשָׁר לִשְׁלֹחַ הוֹדָעוֹת מְחַזְּקוֹת לַחֲבֵרִים
בַּיּוֹם אֶפְשָׁר לְנַחֵם אֲבֵלִים
בַּיּוֹם אֶפְשָׁר לְהַשְׁקִיעַ בַּחַיִּים
אֲבָל בִּשְׁעוֹת הַלַּיְלָה
אֵין אֵיךְ לְהַשְׁתִּיק אֶת הַמֵּתִים.
אֲנִי שׁוֹכֶבֶת וְלִבִּי עֵר
עֵר וְדוֹהֵר
רוֹדֵף אַחֲרֵי שִׁבְרֵי סִפּוּרִים שֶׁסּוֹפָם כְּבָר יָדוּעַ
וְהַכֹּל הַכֹּל הַכֹּל
מַרְגִּישׁ פָּצוּעַ, פָּגוּעַ
וְאֵיךְ אֶפְשָׁר לִישֹׁן
וְאֵיךְ אֶפְשָׁר לִשְׁקֹט
כְּשֶׁאִבַּדְנוּ לָנֶצַח
יוֹתֵר מֵאֶלֶף לְבָבוֹת?

By Day Rachel Sharansky Danziger

By day one can bake cookies for the wives of reservists

By day one can send strengthening messages to friends

By day one can comfort mourners

By day one can invest in life

But at night

There is no way to silence the dead.

I lie down and my heart is awake

Awake and galloping

Chasing fragments of stories whose endings are well-known

And everything,* everything, everything

Hurts and feels wounded, injured, damaged

And how can one sleep

And how can one be tranquil

When we have lost for all eternity

More than one thousand hearts?

---

* Everything: The Hebrew word is *kol*, which when tripled is reminiscent of the
   Shema which is recited at bedtime, "with *all* your heart", etc.

אמהות אסנת אלדר

בַּלֵּילוֹת הֵן מִתְאַסְּפוֹת
אַחַת אַחַת
זוֹ שֶׁבִּתָּהּ נֶחְטְפָה וּתְמוּנָתָהּ הַמְּגֹאֶלֶת בְּדָם לֹא נוֹתֶנֶת מָנוֹחַ
זוֹ שֶׁבְּנָהּ נָפַל בַּקְּרָב
זוֹ שֶׁיְּלָדֶיהָ יִשָּׁאֲרוּ לָעַד בַּמָּמָ"ד הַקָּטָן בְּפַאֲתֵי הַבַּיִת בַּקִּבּוּץ
זוֹ שֶׁנִּשְׁאֲרָה דְּמוּמָה בְּצִדּוֹ הַשֵּׁנִי שֶׁל הַקַּו חוֹרֶטֶת בְּגוּפָהּ אֶת הַזְּוָעוֹת.
מִדֵּי פַּעַם הִיא לָחֲשָׁה לוֹ. אוֹ לָהּ
'אֲנִי אוֹהֶבֶת אוֹתְךָ'
'אֲנִי אִתָּךְ'
אֲנִי כָּאן
הַלּוֹ?!
זוֹ שֶׁלֹּא הִסְפִּיקָה לְהִפָּרֵד
זוֹ שֶׁאוֹחֶזֶת בְּשַׁבְרִיר שֶׁל סִרְטוֹן הַמַּרְאֶה שֶׁהוּא חַי
זוֹ שֶׁהִתְעוֹרְרָה בְּשַׁבָּת וִידִיעַת הַמָּוֶת נָבְטָה בְּתוֹכָהּ.
בַּלֵּילוֹת, בְּחַדְרֵי הֶחָשׁוּךְ, הֵן נוֹדְדוֹת בְּמַעְגָּלִים
שְׁמוּטוֹת כְּתֵפַיִם, חַסְרוֹת מְנוּחָה, טְרוּפוֹת שֵׁנָה.
אִמָּהוֹת
לוּ יָכְלוּ הָיוּ מִתְחַלְּפוֹת עִם הַיֶּלֶד אוֹ הַיַּלְדָּה
נְכוֹנוֹת לַשְּׁבִי אוֹ לַמָּוֶת

Mothers Osnat Eldar

They gather at night
One by one
One whose abducted daughter's bloodstained image allows her no
peace
One whose son fell in battle
One whose children will remain forever
In the little safe room at the corner of the house in the kibbutz
One who remained mute on the other end of the line scratching
the horrors onto her skin
From time to time she whispered to him. Or to her
"I love you
I am with you
I am here
Hello!?"

One who wasn't able to say goodbye

She who is holding onto a film clip fragment showing him alive
She who woke up on Shabbat with the foreknowledge of death
taking root within her.

At night, in my darkened room, they wander in circles
Shoulders drooping, deprived of rest, sleep-crazed.
Mothers
If only they could change places with the boy or the girl
Ready for captivity or death

אִמָּהוֹת

עוֹד לֹא מִתְרַגְּלוֹת בִּנְדִידָה.

בַּלֵּילוֹת הֵן בָּאוֹת אֵלַי

אַחַת אַחַת

אֲנִי מְחַבֶּקֶת אוֹתָן בְּחֶמְלָה, בְּגַעְגּוּעַ

סוֹפֶגֶת לְגוּפִי אֶת רִגְשׁוֹת הָאָשָׁם, אֶת חֹסֶר הָאוֹנִים, אֶת הַתְּהוֹם

וּמְלַטֶּפֶת בִּדְמָמָה אֶת הַתֹּאַר הָאִמָּהִי הֶחָדָשׁ

שֶׁנִּכְפָּה עֲלֵיהֶן

Mothers.

Not yet used to wandering.

They come to me at night

One by one

I hug them with compassion, with longing

Absorbing into myself the feelings of guilt, the helplessness, the

abyss

And I silently caress the new maternal title

Imposed upon them.

לצאת מתבה אסנת אלדר

הֲקַלּוּ כְּבָר הַמַּיִם?
יָצָאתִי מֵהַתֵּבָה
כִּמְעַט בְּכֹחַ פָּתַחְתִּי אֶת דֶּלֶת הַמָּמָ"ד הַכְּבֵדָה שֶׁנִּנְעֲלָה עָלַי
מִבְּחִירָה
שֶׁלֹּא אֶרְאֶה
שֶׁלֹּא אַרְגִּישׁ
שֶׁלֹּא אֵדַע
פֹּה וָשָׁם הִסְתַּנְּנוּ נְחִילֵי מַיִם עֲכוּרִים פְּנִימָה
מְאַיְּמִים לְהַטְבִּיעַ לִי אֶת הַתֵּבָה בְּסִפּוּרֵי זְוָעָה.
לָקַחְתִּי אֲוִיר וְצָלַלְתִּי לְתוֹךְ הַדּוּחוֹת,
מַעַרְכֵי שִׁעוּר, מֵילִים
דְּבָרִים שֶׁבְּשִׁגְרָה.
סִפַּרְתִּי לְעַצְמִי שֶׁזֶּה עוֹד גַּל שֶׁיַּעֲבֹר
אִם אֶלְמַד לְהִתְמַסֵּר לַמְּעַרְבֹּלֶת.
מִכְתָּבִים שֶׁשָּׁלַחְתִּי נַעֲנוּ בְּאוֹתָהּ הַתְּשׁוּקָה מַמָּשׁ
כְּאִלּוּ גַּם נִמְעֲנֵי כְּלוּאִים בְּאוֹתָהּ תֵּבָה בְּדוּיָה
כְּאִלּוּ לֹא נִפְתְּחוּ אֲרֻבּוֹת הַשָּׁמַיִם
כְּאִלּוּ לֹא נִבְקְעוּ מַעְיְנוֹת רַבָּה
כְּאִלּוּ לֹא עָבְרוּ 40 יָמִים
כְּבָר פַּעֲמַיִם וָחֵצִי.
הֲקַלּוּ כְּבָר הַמַּיִם?
יָצָאתִי מֵהַתֵּבָה
רַגְלַי רוֹעֲדוֹת נִסְחָפוּ לְתוֹךְ נְהַר דְּמָעוֹת רַבּוֹת

Leaving an Ark Osnat Eldar

Have the waters already subsided?

I left the ark

Almost forcefully I opened the heavy door of the safe room in

which I had been

locked

By choice

So I would not see

I would not feel

I would not know.

Here and there streams of murky waters penetrated

Threatening to drown my ark with horror stories.

I took a deep breath and dove into reports,

Lesson plans, emails

Ordinary things.

I told myself it was another wave that would pass

If only I learned to surrender to the vortex.

Letters I sent were answered with the very same passion

As if my addressees were imprisoned in the same fake ark

As if the floodgates of heaven had not opened up

As if the fountains of the great deep had not split apart,

As if forty days had not passed two and half times over.

Have the waters already subsided?

I left the ark

My shaking legs were swept into a river of many tears

כֹּחִי יָבֵשׁ כְּחֶרֶס בְּתוֹךְ הַתֵּבָה אוֹ מִחוּצָה לָהּ

אֲנִי אַחֶרֶת

הַמַּבּוּל לָעַד יִזְרֹם בְּעוֹרְקַי

יִמְהַל אֶת דָּמִי בְּכִתְמֵי אָבְדָן וּכְאֵב

יַזְכִּיר שֶׁאֵין מָקוֹם מוּגָן

שֶׁאֲנִי לֹא נֹחַ

שֶׁהֵפַרְתִּי בְּרִית

וְהַקֶּשֶׁת בַּשָּׁמַיִם – הִיא רַק תּוֹפַעַת טֶבַע

קֶרֶן אוֹר שְׁבוּרָה

וְעָנָן

My strength withered like a broken shard both inside the ark and
out

I have changed

The flood will forever flow in my veins

It will dilute my blood with the stain of loss and pain

It will remind me there is no safe place

That I am not Noah

That I broke the covenant

That the rainbow in the sky – is nothing but a natural phenomenon

A fractured ray of light

And a cloud

משירי הגולה ממקומה

אסנת אלדר

"וְשָׁכַנְתִּי בְּתוֹכָם" שְׁמוֹת כ"ה, ח

גּוֹלָה מִמְּקוֹמִי
גְּלוּיָה וְנִגְלֵית
נוֹדֶדֶת בֵּין חָרְבוֹת הָעִיר
שֶׁהָיְתָה לִי לְבַיִת
רַגְלַי בּוֹטְשׁוֹת עָפָר וָאֵפֶר
פַּעַם הָיָה זֶה עָסִיס רִמּוֹנִים
מִפַּרְדֵּס הַזִּכְרוֹנוֹת עָלָה רֵיחַ שֶׁל חֵרוּת
אוֹ שֶׁמָּא הָיָה זֶה רֵיחוֹ שֶׁל בַּיִת עָשֵׁן
בְּסִמְטְאוֹתֶיהָ שֶׁל עִיר
אֲנִי נִסְפֶּגֶת גַּעְגּוּעִים
לַבַּיִת אֲשֶׁר נֶחֱרַב
גּוֹלָה מִמְּקוֹמִי
גְּלוּיָה וְנִגְלֵית
מְשׁוֹטֶטֶת בְּסִמְטְאוֹתֶיהָ שֶׁל עִיר פְּצוּעָה
מֵחָרְבוֹת הַבָּתִּים אֲנִי נוֹטֶלֶת
כִּיּוֹר, אָרוֹן וּפָרֹכֶת
לֻחוֹת וְשִׁבְרֵיהֶם
בּוֹנָה לְךָ מִשְׁכָּן, אֱלֹהַי
וְשָׁכַנְתִּי בְּתוֹכוֹ
וְשָׁכַנְתָּ בְּתוֹכִי

From Songs of the Exiled from Her Dwelling Place Osnat Eldar

"And I shall dwell within them" Exodus 25:8

Exiled from my dwelling place

Visible and exposed

Wandering among the ruins of the city

That was my home

My feet trample dust and ashes.

It had once been the nectar of pomegranates

The fragrance of freedom wafted from the orchard of memories

Or was it perhaps the smell of a burning house

In a city's alleys

I am absorbed by longings

For the house that was destroyed

Exiled from my dwelling place

Visible and exposed

Roaming the alleys of a wounded city

From the ruins of houses I take

A basin, an ark and a curtain

Tablets and their broken fragments*

I will build You a sanctuary, My God

And I will dwell within it

And You will dwell within me

---

* The basin, ark and curtain were all ritual objects in the ancient Temple. The Talmud says that the broken fragments of the first tablets of the Decalogue were in the ark with the second set of tablets. Bava Batra 14b,

עכשיו טלי אשר

בֵּין הַמָּה לַשְּׁלוֹמֵךְ, בֵּין יְקִיצַת הַתּוֹדָעָה לִפְקִיחַת הָעֵינַיִם, בֵּין הַצָּתַת הַגַּפְרוּר לְהִתְלַהֲבוּת הָאֵשׁ, מֵרֶגַע שְׁרִיקַת הַקֻּמְקוּם עַד עֲרָפֶל הָאֵדִים, מִנְּפִילַת הַכּוֹס מִן הַשֻּׁלְחָן עַד הַהִתְנַפְּצוּת, מֵרֶגַע הַטָּיַת הַיָּדִית מַטָּה עַד גְּלִישַׁת הַדֶּלֶת, בֵּין תְּנוּעַת הַפְּרִיטָה לַצְּלִיל הָרִאשׁוֹן, מֵרֶגַע דְּחִיפַת הַנַּדְנֵדָה עַד צְוָחַת בֶּהָלָה מְתוּקָה אִמָּא'לֶה, בֵּין הֲנָפַת כִּסֵּא אַחֲרוֹנָה לַתִּזְכֹּי לַשָּׁנָה הַבָּאָה, מֵהֲנָפַת כַּנְפֵי הַדְּבוֹרָה עַד הַנְּסִיקָה, מִן הָרֶגַע בּוֹ נִשְׁאַלְנוּ תָּבוֹאוּ וְעַד שֶׁעָנִינוּ אוּלַי, מֵהִתְגַּלּוּת כּוֹכָב שְׁלִישִׁי עַד פְּרֵדַת הַשַּׁבָּת, מֵרֶגַע שֶׁשָּׁמַעְתִּי אוֹתְךָ קוֹרֵא טָלוּשְׁקִי עַד שֶׁפָּגַשְׁתִּי אֶת עֵינֶיךָ, מֵרֶגַע שֶׁהָרוּחַ דּוֹחֶקֶת בַּמַּיִם עַד שֶׁהַגַּל בָּא עָלֵינוּ, בֵּין מַבָּט אַחֲרוֹן עַל כֶּתֶם שֶׁמֶשׁ לַשְּׁקִיעָה שֶׁשּׁוֹבֶלֶת לָנוּ חֹשֶׁךְ, בֵּין הַקָּשָׁה עַל חִיּוּג מָהִיר לְקוֹלְךָ הַמֵּשִׁיב כֵּן מֹתֶק,
עַכְשָׁו טוֹב.

Now   Tali Asher

Between the How and the are you, between the awakening of
consciousness and the opening of eyes, between striking the match
and the flame of the fire, from the moment of the kettle's whistle
to the fog of its steam, from the the glass falling off the table to its
shattering, from the moment of tilting the handle downwards to
the sliding of the door, between the movement of plucking the
harp to the first sound, from the moment of pushing the swing
to the sweet frightened scream, Mommy, between the last lifting
of the chair and the may you live another year, from the flutter of
the bee's wings to its lift-off, from the moment we were asked Will
you come until we answered Maybe, from the appearance of the
third star to the taking leave of Shabbat, from the moment I heard
you calling Talushki until I met your gaze, from the moment the
wind pushed the water until the wave reached us, between the
last glimpse of the sun to the sunset leaving a wake of darkness,
between touching the speed dial to your voice answering Yes
sweetheart.

It's okay now.

קרה

גואל פינטו

וּבְאֶמְצַע הַלַּיְלָה, מִתְגַּנֶּבֶת
שׁוֹבְבָה מְחַיֶּכֶת
שׁוֹאֶלֶת:
אוּלַי לֹא הָיָה, אוּלַי לֹא קָרָה
וְכַפּוֹת הָרַגְלַיִם, הַצּוֹעֲדוֹת
עַל הָרִצְפָּה הַקָּרָה
לוֹחֲשׁוֹת:
אוּלַי לֹא הָיָה, אוּלַי לֹא קָרָה
וְטִפּוֹת הַקָּפֶה, הַמְּטַפְטְפוֹת
אֶל תּוֹךְ הַכּוֹס
שָׁרוֹת:
אוּלַי לֹא הָיָה, אוּלַי לֹא קָרָה
וְאוֹר רִאשׁוֹן וּלְגִימָה
רִאשׁוֹנָה מְגַלֶּה
הָיָה, קָרָה

It Happened   Goel Pinto

And in the middle of the night, it sneaks in

Mischievous, smiling

Asking:

Maybe it never was, maybe it didn't happen

The soles of our feet pace

On the cold floor

Whispering:

Maybe it never was, maybe it didn't happen

Drops of coffee drip

Into the glass

Singing:

Maybe it never was, maybe it didn't happen

The first light, and then a first

Sip reveals

It was, it happened

דרוש אלי אליהו

דָּרוּשׁ כָּל יָכוֹל, דָּרוּשׁ בִּדְחִיפוּת מִישֶׁהוּ
שֶׁיָּכוֹל לִסְבֹּל
עַד אֵינְסוֹף, מִישֶׁהוּ לְהָכִיל
כָּל הַצַּעַר כִּי לִבִּי צַר וּזְמַנִּי
קָצָר , וְכַמָּה חֶמְלָה
אוּכַל לָשֵׂאת
וְכַמָּה בֶּהָלָה, דָּרוּשׁ
מִישֶׁהוּ שֶׁאֵינוֹ בָּשָׂר
וְאֵינוֹ עָפָר. מִישֶׁהוּ
שֶׁזְּרוֹעוֹ נְטוּיָה
מֵעַל אַדְמַת הַזְּמַן

Wanted Eli Eliyahu

Wanted: an all-powerful, urgently-wanted someone

Who can suffer

For eternity, someone to contain

All the sorrow because my heart is narrow and my time

Is short, and how much compassion

Can I carry

And how much fear. Wanted:

Someone who is neither flesh

Nor dust. Someone

Whose outstretched arm

Is above the world of time.

מה עושים עם המתים מאיה ויינברג

וַעֲדַיִן אֵינֶנִּי יוֹדַעַת מָה עוֹשִׂים עִם הַמֵּתִים
הֵיכָן לְהַנִּיחָם
מָה לוֹמַר לָהֶם שָׁעָה
שֶׁהֵם בְּכָל מָקוֹם
בִּמְלוֹא כֹּבֶד מִשְׁקָלָם
אֵינָם
הֶעְדֵּרָם לֹא חָדֵל
לִהְיוֹת מוּזָר לֹא מַנִּיחַ
אֶת הַדַּעַת גַּם כְּשֶׁאֶבֶן
מֻנַּחַת עַל
אֶבֶן
וְהַמַּחֲזוֹר הֻשְׁלַם
הַבָּעוֹת הַפָּנִים
מַבָּטָם
קוֹלָם
הַאֻמְנָם הַכֹּל נֶעֱלַם
כָּל מָה שֶׁלֹּא הִתְמַמֵּשׁ בְּחַיֵּיהֶם
מְבַקֵּשׁ שׁוּב בְּמוֹתָם
רֶגַע אֶחָד
מִזְּמַן הֱיוֹתָם.

What's to be done with the dead   Maya Weinberg

And I still don't know

What's to be done with the dead

Where to lay them to rest

What to tell them while

They are to be found everywhere

Heavy with the weight of their

Non-presence

There's no end to the strangeness of their absence

No rest for the mind even when stone

Lies upon stone

And the cycle is complete

Their facial expressions

Their eyes

Their voices

Has everything truly disappeared?

All that had not been accomplished

While they lived is begging anew in their deaths

A single moment

from the time of their being.

שווא מאיה ויינברג

מָה לָנוּ בג'אבליה ובסג'עיה
מָה לָנוּ בְּבית להיה
מָה עוֹשֶׂה שָׁם בְּנִי הַלַּיְלָה
רָחוֹק מִמִּטָּתוֹ
לָבוּשׁ אֵפוֹד תָּנָבִּי וְאוֹת
קַיִן עַל מִצְחוֹ
בְּסִמְטָאוֹת צָרוֹת
מְבַקְּשׁוֹת מוֹתוֹ
מָה בְּבית חאנון
בִּשְׁכוּנַת זיתון
מִלִּים זָרוֹת קָרוֹת
כָּל הַשָּׁנִים שֶׁגָּדַל בְּנִי
יוֹם וְעוֹד יוֹם
עַל גַּבִּי
עַל לִבִּי
יְפֵה עֵינַיִם וְתַלְתַּלִּים
מָה לְחאן יונס וְלִבְנִי
מָה בְּאָרוֹן
מוֹתוֹ לַשָּׁוְא
בִּרְצוּעַת הַדָּם
הוּא סוֹף הָעוֹלָם
וְהִנֵּה, לֹא רִאשׁוֹן
לֹא אַחֲרוֹן

In Vain Maya Weinberg

What is there for us in Jabalieh and Sajaieh

What is there in Beit-Lahieh

What is my son doing there tonight?

Far from his bed

Wearing a biblical vest and a mark

Of Cain on his forehead

In narrow alleys

That seek his death.

What in Bet–Hanun

In the neighborhood of Zeitoun

Cold foreign words

All these years that my son has grown

Day after day

In my heart

On my back

Beautiful eyes and curly hair

What does Khan Younis have to do with my son?

What does a coffin?

His death in vain

In the strip of blood

Is the end of the world

Behold, not the first

Nor the last

חייל נופל

דעאל רודריגז גארסיה

חַיָּל נוֹפֵל
כְּמוֹ מַטְבֵּעַ לְקֻפַּת צְדָקָה
נֶחְבָּט בִּפְרוּטוֹת הַנְּחֹשֶׁת.
בַּסֵּתֶר הוּא נוֹפֵל בַּסֵּתֶר
הוּא מַצִּיל מִמָּוֶת.
הוּא מִתְקַרְקֵשׁ עִם אֶחָיו
הוּא נוֹשֵׁק לִפְנֵיהֶם
הַחֲלוּדִים מִזֵּעַת הַקְּרָב.
וְאָבִיו וְאִמּוֹ פּוֹשְׁטִים אֶת יָדָם
מְבַקְשִׁים לַהֲשִׁיבוֹ
דֶּרֶךְ הַפֶּתַח
הַצַּר

A Fallen Soldier   Dael Rodrigues Garcia

A soldier is falling

Like a coin into a tzedakah box

He bumps into the copper coins

Secretly; he falls, anonymously*

He saves from death**

He rattles with his brothers

He kisses their faces

Crusted with the sweat of battle

And his father and mother stretch out their hands

Begging to bring him back

Through the narrow

Slit

---

* Maimonides says that one of the highest forms of charity is when it is given anonymously. *Mishneh Torah*, Laws of Gifts to the Poor 10:8.

** Proverbs 10:2 "Tzedakah saves from death."

עכשיו צריך לבדוק

אביטל לימן

בְּמְלוֹן הַמְפֻנִּים
בְּיָם הַמֶּלַח
הִיא אוֹסֶפֶת יָפֶה יָפֶה
אֶת שְׂעַר הַבֻּבָּה בְּסֶרֶט,
קוֹשֶׁרֶת מְנַקָּה מִקְטָרוֹת מְנַצְנֵץ
עַל הַסֶּרֶט,
וְאָז שׁוֹאֶלֶת "תַּגִּידִי, אֲנִי חַיָּה?
וְאֵיךְ יוֹדְעִים שֶׁאֲנִי מֵתָה?"
מָה הֱיִיתֶם עוֹנִים
לְיַלְדָּה בַּת אַרְבַּע?
"רַק מִי שֶׁחַי יָכוֹל לְהִתְחַבֵּק,
בּוֹאִי נִתְחַבֵּק וְנִרְאֶה אִם
אֲנַחְנוּ בַּחַיִּים".
אַחַר כָּךְ הִיא אוֹמֶרֶת:
"גַּם מָחָר בַּבֹּקֶר נִבְדֹּק"

Nowadays One Has to Check   Avital Liman

In the evacuees' hotel

By the Dead Sea

She carefully gathers

The doll's hair with a ribbon

She attaches a sparkling pipe cleaner

To the ribbon.

And then she asks: "Tell me, am I alive?

And how would they know if I were dead?"

What would you say

To a four-year old girl?

"Only the living can hug.

Come, let's hug and see if

We're alive."

Later she says:

"Tomorrow morning, let's check again."

ואין מושיע
אלחנן ניר

אִישׁ חוֹזֵר.
הוּא לֹא הָיָה כָּאן כְּבָר שָׁבוּעוֹת
רֵיחַ הַמָּקוֹם כְּבָר פָּג מִן הַגּוּף,
חֶפְצֵי הַבַּיִת נִשְׁכְּחוּ,
אֲפִלּוּ אוֹהֲבָיו נֶעֶלְמוּ בּוֹ.
אֲבָל עַכְשָׁו הוּא כָּאן.
מְנַסֶּה לְהִכָּנֵס. לִפְשֹׁט מַדִּים.
לִשְׁאֹל עַל הַיְלָדִים. עַל פַּחַד שֶׁלָּהּ בַּלֵּילוֹת.
אוֹמֵר שֶׁעָצַר רֶגַע בַּדֶּרֶךְ וְקָנָה לָהּ מַשֶּׁהוּ קָטָן.
עַכְשָׁו הוּא מְנַסֶּה לְהַחֲלִיף אֶת הַשָּׂפָה.
לְהִתְקָרֵב, לְהָבִיא,
אֲבָל הוּא עֲדַיִן הַשָּׂדֶה
אֲבָל הוּא עֲדַיִן הַצְּעָקָה
אֲבָל הוּא עֲדַיִן הַדָּם הוּא הַנֶּפֶשׁ
וְאֵין מוֹשִׁיעַ לוֹ
אִשָּׁה מְנַסָּה לְהִתְקָרֵב.
לִלְחֹשׁ לוֹ כְּמוֹ פַּעַם, מֵהַחֲרַכִּים,
לִהְיוֹת אִתּוֹ כְּמוֹ אָז
לִמְשׁוֹת אוֹתוֹ מִשָּׁם, אֶת כֻּלּוֹ,
בְּלִי לְהוֹתִיר שָׁם אַף אֵיבָר, אַף צְעָקָה,
וּלְהַנְשִׁים אוֹתוֹ כָּכָה, כָּל הַיָּמִים, עַד שֶׁיָּשׁוּב.
אֲבָל עַכְשָׁו, אֵיךְ לִהְיוֹת אִתּוֹ עַכְשָׁו
אֵיךְ לִפְתֹּחַ הַבְּאֵרוֹת שֶׁנִּסְתְּמוּ וּמָלְאוּ עָפָר.
וְאֵין מוֹשִׁיעַ לָהּ

No Savior* Elchanan Nir

A man returns.

He hasn't been here for weeks

The smell of the place has already gone from his body,

Domestic items have been forgotten,

Even those who love him have disappeared from within him.

But now he is here.

Trying to get in. To take off the uniform.

Asking about the children. About her fears at night.

He says he stopped for a minute to buy her something small.

Now he is trying to change the language.

To get close, to be present,

But he is still in the field

He is still the scream

He is still the blood which is the soul*

And there is no one to save him.

A woman tries to draw close.

To whisper to him as before, through the crevices,

To be with him as they were before

To pull him out of there, all of him,

Without leaving a single body part there, not even the scream,

To revive him, just like that, forever, until he is back.

But now, how to be with him now

How to open wells that were sealed and filled with earth.

And there is no one to save her

* See Deuteronomy 12:23

שאלת לשלומי

יעל קידר

אֲנִי בְּסֵדֶר, תּוֹדָה. מִלְּבַד הָעֻבְדָּה
שֶׁאֲנִי עֵרָה בַּלֵּילוֹת
וְכוֹתֶבֶת שִׁירָה
אוֹכֶלֶת מְעַט
הוֹלֶכֶת לְאַט
מְאֹד זְהִירָה
לֹא נוֹרָא, יֵשׁ עֲרֵמָה
שֶׁל כְּבִיסָה עֲדַיִנָה לְקַפֵּל
וְיֵשׁ לִי עֲדַיִן בְּמִי לְטַפֵּל
וַאֲנִי חֲזָקָה –
לֹא סְתָם, אִמָּא שֶׁלִּי קָרְאָה לִי יָעֵל
וּבְסוֹף הַשָּׁבוּעַ, הַחַיֶּלֶת חוֹזֶרֶת
אֲבָל בֵּינָתַיִם,
אֲנִי נִפְרֶמֶת, בְּעוֹדִי נִקְשֶׁרֶת.

You Asked How I Am Yael Keidar

I'm okay, thank you. Except for the fact

That I lie awake at night

Writing poetry

Eating little

Walking slowly

Being very careful.

Not so bad, there's a heap

Of delicate laundry to fold

And I still have someone to take care of

I'm strong –

It's not for nothing my mother called me Yael.*

And on the weekend, my soldier girl is coming home

But in the meantime

I'm becoming unraveled while being tied up.

---

*   Judges 5:24ff

לא מפסיקה לבדוק אם את נושמת

יעל קידר

נִכְנֶסֶת לְחַדְרֵךְ בַּחֲשֵׁכָה
לִרְאוֹת שֶׁאַתְּ בְּמִטָּתֵךְ
אַתְּ כְּבָר מִזְּמַן גְּבֹהָה מִמֶּנִּי
אֲבָל אֲנִי עֲדַיִן שׁוֹמֶרֶת עַל שְׁנָתֵךְ.
הִגַּעְתְּ לְאַפְטֶר
וְלַכְּבִיסָה שֶׁלָּךְ יֵשׁ רֵיחַ שֶׁל גְּרִיז וַחֲרָדָה
אַתְּ מְתַקֶּנֶת תּוֹתָחִים
אֲבָל נִרְאֵית לִי עוֹד יַלְדָּה
וְאֵיךְ אֵדַע אִם בִּשְׁנָתֵךְ אַתְּ עֲצוּבָה אוֹ בּוֹדְדָה?
אוּלַי אֶגַּע בָּךְ בְּרַכּוּת, כְּמוֹ אַחֲרֵי לֵדָה
לִבְדּוֹק שֶׁאַתְּ נוֹשֶׁמֶת, וְאָז אוּכַל לַחְזוֹר לִישׁוֹן
אֲנִי נוֹעֶלֶת אֶת הַדֶּלֶת
כְּדֵי לְהַרְחִיק מִמֵּךְ אֶת יוֹם רִאשׁוֹן.

I Can't Stop Checking If You're Breathing Yael Keidar

I enter your room in the dark

To see that you're in bed

For a long time you've been taller than I am

But I still watch over your sleep.

You arrived for a short leave

Your laundry smells of machine grease and fear.

Your job is to fix cannons

But to me you still look like a little girl.

And how will I know if you are sad or lonely while you sleep?

Perhaps I will touch you softly, as I did after you were born

To check if you are breathing. Then you can go back to sleep.

I am locking the door

To keep Sunday away from you.

א-ל מלא רחמים

(לחיילי יס"ר תשפ"ד)

עידו גנירם, יס"ר מטכ"ל

אֵ־ל מָלֵא רַחֲמִים
שׁוֹכֵן גַּם בַּמְּקָרְרִים
הַמְצֵא מְנוּחָה נְכוֹנָה
לַנְּשָׂאִים תַּחַת הָאֲלֻנְקָה
בְּמַעֲלוֹת – סַבְלָנוּת, דְּרִיכוּת, נְחִישׁוּת
כִּזְהִירוּת בְּמַדְרֵגוֹת עַד הָרָקִיעַ עוֹלוֹת
לְנִשְׁמוֹת מִי שֶׁהִבְרִיזוּ מֵהַשַּׂקִּים
כְּדֵי לִפְתֹּחַ אוֹתָם לָרוֹפְאִים וְלַמְּזַהִים
בַּעֲבוּר שֶׁאָנוּ.
לָכֵן, בַּעַל הָרַחֲמִים
תַּסְתִּיר זִכְרוֹנוֹת קָשִׁים מֵאִתָּנוּ לְעוֹלָמִים
וְתִצְרֹר בְּעַצְמְךָ אֶת הָאֵיבָרִים הַמְּפֹרָקִים
שֶׁל הָאֲנָשִׁים, שֶׁל הַנְּשָׁמוֹת, שֶׁל הַמִּגְזָרִים

הַגֵּיהִנּוֹם הוּא נַחֲלַת עֲבָרָם
בְּגַן עֵדֶן תְּהֵא מְנוּחָתָם
וְיַעַמְדוּ זֶה לְצַד זֶה כְּשֶׁיָּבוֹאוּ הַמַּשְׁבֵּרִים,

וְתֹאמַר אָמֵן

God Full of Compassion*

(For the soldiers of the Search and Identification Unit 2024)

Ido Ganiram, Member, Search and Identification Unit

O God, full of compassion,

Who dwells even in the refrigerators

Grant true rest

To those bearers beneath the stretchers

With the virtues of patience, vigilance, determination

Walking carefully on a stairway to the sky

To the souls of those who escaped from the body bags

In order to open them for the doctors and the identification team

Because we...

Therefore, O Merciful One,

Hide difficult memories from us forever

And bind up Yourself the severed limbs

Of the people, the souls, the sectors of society

Hell is the inheritance of their past

May they rest in the Garden of Eden

And stand side by side when the crises arrive,

And You will say Amen

---

* Based on the Jewish memorial prayer

מהעבר השני
THE OTHER SIDE

„שָׁם הַרְחֵק...‟

„Way over there...‟

תקווה איריס אליה כהן

אִם יֵשׁ צַדִּיק אֶחָד בְּעַזָּה
וַדַּאי זוֹ צַדִּיקָה
אֵם אוֹ אָחוֹת
שֶׁלֵּב פּוֹעֵם בְּמַעֲטֶה חָזָהּ
וּבְתוֹךְ כָּל הַחֻרְבָּן
מִתּוֹךְ הַהֲרִיסוֹת
וּשְׁבִי הַשִּׂנְאָה
אוֹסֶפֶת יֶלֶד
בֶּן אוֹיֵב
רַכּוֹת לוֹחֶשֶׁת לוֹ מִלִּים
מַשְׁקָה אוֹתוֹ
חָלָב וּפַת קְטַנָּה
כִּבְנָהּ

Hope Iris Eliya Cohen

If there is one righteous person in Gaza

It's certainly a woman.

A mother or sister

With a beating heart masked in her chest.

And in the midst of all the destruction

Amidst the ruins

And in the captivity of hatred

She gathers a child

Son of the enemy

Softly whispers some words

Gives him a drink of

Milk and a morsel of bread

As if he were her son.

זרע זעיר אחד

רייצ'ל גולדברג פולין

יֵשׁ שִׁיר עֶרֶשׂ שֶׁנֶּאֱמַר בּוֹ "אִמְּךָ תִּבְכֶּה אֶלֶף דְּמָעוֹת, עַד
שֶׁתִּצְמַח לִהְיוֹת גֶּבֶר".
בְּ-67 הַיָּמִים הָאַחֲרוֹנִים אֲנִי בָּכִיתִי מִילְיוֹן דְּמָעוֹת.
כֻּלָּנוּ בָּכִינוּ.
וַאֲנִי יוֹדַעַת
שֶׁאֵי שָׁם
יֵשׁ אִשָּׁה שֶׁנִּרְאֵית בְּדִיּוּק כָּמוֹנִי,
הֲלֹא כֻּלָּנוּ כָּל כָּךְ דּוֹמוֹת,
וְגַם הִיא בּוֹכָה...
כָּל הַדְּמָעוֹת הַלָּלוּ.
יָם הַדְּמָעוֹת שֶׁלָּנוּ,
לְכֻלָּן אוֹתוֹ הַטַּעַם.
הַאִם נוּכַל לְלַקֵּט וְלֶאֱסֹף אוֹתָן יַחַד, לִשְׁטֹף מֵעֲלֵיהֶן אֶת הַמֶּלַח,
לְהַשְׁקוֹת בָּהֶן אֶת מִדְבַּר הַיֵּאוּשׁ שֶׁלָּנוּ,
וְלִטְמוֹן בּוֹ זֶרַע קָטָן וְעָדִין -
זֶרַע הַמְּכֻנָּס בְּתוֹךְ קְלִפָּה שֶׁל פַּחַד, טְרָאוּמָה, כְּאֵב, מִלְחָמָה,
וְאוּלַי אַף תִּקְוָה,
וְלִרְאוֹת מָה יִצְמַח מִמֶּנּוּ?
הַאִם נוּכַל, אֲנִי וְהָאִשָּׁה הַהִיא,
זוֹ שֶׁדּוֹמָה לִי כָּל כָּךְ,
לָשֶׁבֶת יַחַד בְּעוֹד 50 שָׁנָה
וְלִצְחֹק בְּפֶה נְטוּל שִׁנַּיִם
מִכָּל הַתֵּה הַמָּתוֹק שֶׁשָּׁתִינוּ יַחַד?
הִנֵּה אֲנַחְנוּ כְּבָר זְקֵנוֹת כָּל כָּךְ,

One Tiny Seed Rachel Goldberg-Polin

There is a Yiddish lullaby that says, "Your mother will cry a

thousand tears before you grow to be a man."

I have cried a million tears in the last 67 days.

We all have.

And I know

...way over there,

There is another woman who looks just like me,

Because we are all so very similar

She has also been crying....

All those tears.

Our sea of tears

They all taste the same.

Can we take them, gather them up, and remove the salt,

And then pour them over our desert of despair...

And plant one tiny seed

A seed wrapped in fear, trauma, pain and hope?

And see what grows...

Could it be that this woman,

so very like me,

that she and I could be sitting together in 50 years

Laughing without teeth because we have drunk so much sweet tea

together,

and now we are so very old,

פָּנֵינוּ חֲרוּשֵׁי קְמָטִים כְּשַׂקִּיּוֹת נְיָר בְּלוּיוֹת
וְלַבָּנִים שֶׁלָּנוּ יֵשׁ נְכָדִים
וְלַבָּנִים שֶׁלָּנוּ יֵשׁ חַיִּים אֲרֻכִּים (לְאֶחָד מֵהֶם אֵין זְרוֹעַ, אֲבָל מִי
בִּכְלָל צָרִיךְ שְׁתַּיִם?)
הַאִם כָּל זֶה חֲלוֹם?
פַּנְטַזְיָה?
נְבוּאָה?
זֶרַע אֶחָד קְטַנְטַן.

and our faces are creased like worn out brown paper bags

And our sons have their own grandchildren

and have long lives (one without an arm, but who needs two arms

anyway?)

Is it all a dream?

a fantasy?

a prophecy?

One tiny seed.

סלאם עליכום ילדה

מירי מיכאלי

סַלַאם עֲלֵכּוּם,
יַלְדָּה עַזָּתִית.
רָצִיתִי לִכְתֹּב לָךְ
שֶׁאַתְּ לֹא אֲשֵׁמָה.
אֲנִי יוֹדַעַת
שֶׁזֶּה לֹא עָלַיִךְ
שֶׁהַדִּירָה שֶׁלָּנוּ
סָפְגָה רַקֶּטָה יְשִׁירָה.
שֶׁלֹּא אַתְּ בָּחַרְתְּ
שֶׁהַצִּיּוּד שֶׁלָּנוּ יִשָּׂרֵף
שֶׁהַסִּיּוּטִים שֶׁלִּי וְשֶׁלָּנוּ-
אֵינָם בְּאַשְׁמָתֵךְ.
עֲלֵכּוּם הַסַּלַאם,
יַלְדָּה עַזָּתִית
סְלִיחָה שֶׁאַתְּ רְעֵבָה
זֶה לֹא עָלַי
לֹא כָּךְ בָּחַרְתִּי
שֶׁתַּעַמְדִי
כָּל כָּךְ הַרְבֵּה בַּתּוֹר
לְאֵיזוֹ מָנָה עֲלוּבָה.
סְלִיחָה בֶּאֱמֶת
אֲנִי יוֹדַעַת
שֶׁאֵין לָךְ שׁוּם קֶשֶׁר לָזֶה
שֶׁאַתְּ מִתְּשֶׁת

Salaam Aleikum Little Girl Miri Michaeli

Salaam Aleikum.

Little girl from Gaza

I'm writing to tell you

That it's not your fault

I know you're not to blame

That our home

Suffered a direct hit by a rocket

That it was not your choice

That all our property burned down

My nightmares and ours -

Are not your fault

Aleikum Salaam

Little girl from Gaza

I'm sorry you are hungry

It's not my fault.

I didn't choose

For you to stand

So long in line

For such a miserable portion of food.

Forgive me, honestly

I know

That you are not at all connected to this

That you are exhausted

קַר לָךְ בַּלַּיְלָה

נִלְקַח מִמֵּךְ

גַּם הַמְּעַט שֶׁהָיָה

אֲנִי גַּם יוֹדַעַת

שֶׁהָרֶגֶשׁ שֶׁל כֻּלָּם כָּאן

הִתְקַהָה

שֶׁאֵין מִי שֶׁמְּרַחֵם

אֲפִלּוּ לֹא מִי שֶׁמְּרַחֶמֶת

עַל הֱיוֹתֵךְ בְּמִצוּקָה.

כָּל כָּךְ מִצְטַעֶרֶת

שֶׁהַסִּנְכְרוֹן הַמֻּשְׁלָם הִתְבַּצַּע

בֵּין גְּבָרִים מֻשְׁחָתִים

רוֹדְפֵי בֶּצַע

קְהֵי חוּשִׁים

מֵהַצַּד הַזֶּה -

פּוֹלִיטִיקָאִים

אֲנָשִׁים סָחֵלָה

מֵהַצַּד שֶׁלָּךְ -

מְחַבְּלִים.

סְלִיחָה, יַלְדָּה עַזָּתִית

אֲנִי יוֹדַעַת שֶׁאִם יָכֹלְתְּ

הָיִית מְשַׁחְרֶרֶת

אֶת כָּל הַחֲטוּפוֹת וְהַחֲטוּפִים

וּמְבַקֶּשֶׁת לַחֲזֹר עִם הַדְּבִי

לַמָּקוֹם, שֶׁאוּלַי פַּעַם,

That you are cold at night

The little you had

Was taken away from you

I also know

That everyone's feelings here

Have been blunted

That no one feels pity

Not even compassionate women

For your distress.

I am so sorry

That the perfect synchronization was achieved

Between corrupt men

Pursuing profit

With dulled senses

From this side -

Miserable

Politicians

On your side -

Terrorists.

Forgive me, little girl from Gaza

I know that if you could

You would release

All the hostages

And ask to return with your teddy bear

To the place that perhaps

הִוָּה עֲבוּרֵךְ
בַּיִת יַחֲסִית חָמִים.
סְלִיחָה עַל הָרָעָב, הַצָּמָא, הָרָזוֹן
הָעֶרְגָּה לִשְׁפִיּוּת,
הַגַּעְגּוּעַ לְמָקוֹם מִשֶּׁלָּךְ
סְלִיחָה אִם בְּטָעוּת (אוֹ שֶׁלֹּא)
הָרַגְנוּ גַּם אֶת אִמֵּךְ שֶׁלָּךְ
אוֹ אוּלַי -
קְרוֹב מִשְׁפָּחָה
מָה שֶׁבָּטוּחַ -
אֶת הָרְוָחָה
אֶת הַתִּקְוָה
שֶׁאוּלַי כְּשֶׁתִּגְדְּלִי
יִהְיֶה קְצָת אַחֶרֶת
סְלִיחָה, יַלְדָּה עַזָּתִית
אַתְּ לֹא אֲשֵׁמָה
אַתְּ בֶּאֱמֶת נֶהֱדֶרֶת.
סְלִיחָה מִמֵּנִי
אַתְּ לֹא חַיֶּבֶת לִסְלוֹחַ
פָּשׁוּט רָצִיתִי לִכְתֹּב לָךְ
אוּלַי לִשְׁלֹחַ מְעַט כֹּחַ.
סְלִיחָה, יַקִּירָה,
סְלִיחָה עַל הַכֹּל.
תֵּדְעִי שֶׁגַּם בַּלֵּב שֶׁלָּנוּ,
(עַל אַף חֹסֶר הָאִזּוּן בַּמִּשְׁוָאָה)
נִפְעַר חוֹר גָּדוֹל.

Once was your

relatively warm home.

Forgive me for the hunger, the thirst, the frailty

The longing for sanity,

The yearning for a place of your own

Excuse me if inadvertently (or not)

We also killed your mother

Or perhaps

A relative

For sure -

Welfare

And hope

Maybe when you grow up

Things will be slightly different

Forgive me, little girl from Gaza

It's not your fault

You are really wonderful.

I ask forgiveness

You don't have to forgive

I just wanted to write to you

Or perhaps send some strength

So sorry, my dear,

Sorry for everything.

You should know that in our hearts too,

(In spite of the lack of symmetry),

A deep chasm has opened.

הנה ימים באים
THE FUTURE

"רַק תְּבוּנַת לֵב תְּתַקֵּן..."

*"Only the heart's wisdom
can repair..."*

נבואתה של מרים אסנת אלדר

כַּנִּרְאֶה שֶׁאֱמוּנָתָהּ הָיְתָה שְׁלֵמָה
כְּמוֹ שָׁמְעָה אֶת הַבְטָחַת הַבְּרִית
טֶרֶם נִתְּנָה
שֶׁאִלְמָלֵא כֵּן לֹא הָיְתָה מְשַׁלַּחַת אֶל מֵימָיו שֶׁל נָהָר
תֵּבַת גֹּמֶא
וּבְתוֹכָהּ מַנְהִיג עֲתִידִי
וְסִפּוּר חַיִּים שֶׁל עַם מִתְהַוֶּה.
וַאֲנִי,
הַמִּתְהַלֶּכֶת בֵּין חַרְסֵי אֱמוּנָתִי הַשְּׁבוּרָה
כְּעַל חֲלוּקֵי נַחַל לִגְדוֹתָיו שֶׁל הַנָּהָר הַגָּדוֹל
מִתְפַּלֶּלֶת שֶׁהִיא מִתְיַצֶּבֶת מֵרָחוֹק
וְיוֹדַעַת מָה יֵעָשֶׂה לִי.

Miriam's Prophecy   Osnat Eldar

It seems her faith was complete

As if she'd heard the promise of the covenant

Before it was given.

If not, she wouldn't have cast into the river's waters

A wicker basket

With a future leader inside

And the life story of a people in the making.

And I,

Walking among the shards of my fractured faith

As though on pebbles on the banks of the great river

Pray that she is standing far off

Knowing what will befall me.*

---

*   Miriam would prophesy and say: In the future, my mother will give birth to a son who will save the Jewish people. And once Moses was born, the entire house was filled with light. Her father arose and kissed her on her head. He said to her: "My daughter, your prophecy has been fulfilled." But once they put him into the river, her father arose and hit her on her head. He said to her: "My daughter, where is your prophecy?" And so it is written: "And his sister stood far off to know what would befall him" (Exodus 2:4), i.e., to know the outcome of her prophecy. -Babylonian Talmud, Sotah 13a

בכי דחוי דעאל רודריגז גארסיה

”אִמָּא, כְּבָר מֻתָּר לִבְכּוֹת?“ שָׁאֲלָה הַיַּלְדָּה אַחֲרֵי צֵאתָהּ מִן הַמַּחֲבוֹא
עִם הַשִּׁחְרוּר (אַבָּא קוֹבְנֶר)

בְּכִי דָּחוּי.
לְחֹדֶשׁ הַבָּא, לְשָׁנָה הַבָּאָה.
מָתַי לִלְחֹץ עַל מֶתֶג.
בְּכִי חוֹזֵר לְלֹא כִּסּוּי.
בָּאָה הַבְּשׂוֹרָה וְצָעֲקָה בְּאָזְנַי,
וַהֲמוֹן אֲנָשִׁים מִסָּבִיב.
אוּלַי מָחָר, לָחַשְׁתִּי לָהּ.
אוּלַי מְעַט אַחֲרֵי זֶה.
בְּכַמָּה תַּשְׁלוּמִים? הִיא צָרְחָה
בְּכַמָּה?

Postdated Weeping   Dael Rodrigues Garcia

"Mommy, am I allowed to cry now?" asked the little girl when she came out of
the hiding place after liberation (Abba Kovner)

Weeping has been postdated

To next month. To next year.

When will the switch be turned on?

Then weeping will return like a bad check.

The message came roaring into my ears,

As a crowd surrounded me.

Maybe tomorrow, I whispered to her.

Maybe a bit later.

In how many installments? she yelled

How many?

עכשיו אנחנו צריכים תורה חדשה

אלחנן ניר

עַכְשָׁו כְּמוֹ אֲוִיר לִנְשִׁימָה
אֲנַחְנוּ צְרִיכִים תּוֹרָה חֲדָשָׁה.
עַכְשָׁו בְּתוֹךְ הָאֲוִיר שֶׁנִּגְמַר וְהַצַּוָּאר שֶׁנִּמְחַק
אֲנַחְנוּ צְרִיכִים מִשְׁנָה חֲדָשָׁה וּגְמָרָא חֲדָשָׁה
וְקַבָּלָה חֲדָשָׁה וַעֲלִיּוֹת נְשָׁמָה חֲדָשׁוֹת
וּבְתוֹךְ כָּל הַשֶּׁבֶר וְהַמֶּלַח וְהֶחָרָבָה, עַכְשָׁו
חֲסִידוּת חֲדָשָׁה וְצִיּוֹנוּת חֲדָשָׁה
וְהָרַב קוּק חָדָשׁ וּבְרֶנֶר חָדָשׁ
וְלֵאָה גּוֹלְדְּבֶּרְג חֲדָשָׁה וִיחַוֶּה דַּעַת חָדָשׁ
וְאָמָּנוּת חֲדָשָׁה וְשִׁירָה חֲדָשָׁה
וְסִפְרוּת חֲדָשָׁה וְקוֹלְנוֹעַ חָדָשׁ
וּמִלִּים חַדְתִּין-עַתִּיקִין
וּנְשָׁמוֹת חֲדָשׁוֹת-עַתִּיקוֹת מֵהָאוֹצָר,
וְאַהֲבָה חֲדָשָׁה מִתּוֹךְ הַבְּכִיָּה הַנּוֹרָאָה.
כִּי נִשְׁטַפְנוּ כֻּלָּנוּ בְּנַהֲרוֹת רֵעִים וּבְאֵרִי
וְאֵין בָּנוּ הַר
וְאֵין עוֹד לוּחוֹת
וְאֵין לָנוּ מֹשֶׁה וְאֵין בָּנוּ כֹּחוֹת
וּבְיָדֵינוּ עַכְשָׁו הַכֹּל
נִתָּן

We Need a New Torah Now   Elchanan Nir

Now like a breath of fresh air

We need a new Torah.

Gasping for air and with choking throats

We need a new Mishnah and a new Gemara

A new Kabbala and new Elevations of the Soul*

And from the midst of all the wreckage, the salt and the desert

land, now

A new Hasidism and a new Zionism

A new Rabbi Kook and a new Brenner

A new Leah Goldberg and new Yechaveh Da'at**

New art and new poetry

New literature and new cinema

And new-ancient words

New ancient souls from the treasury

And a new love out of the terrible weeping.

For we were all washed in the rivers of Rei'm and Be'eri.

And we have no other mountain within us

Nor another ten commandments

No other Moses and no more strength

From this moment everything is

In our hands

---

*   A mystical experience described by the Ba'al Shem Tov

** Responsa by Rabbi Ovadia Yosef

בארי עדי בלכמן סופר

עוֹד מְעַט, יַגִּיעַ הַחֹרֶף
עֲנָנִים בּוֹכִים יַשְׁקוּ אֶת הָאֲדָמָה,
וְיַצְמִיחוּ מַרְבַדִּים אֲדֻמִּים
תְּחִלָּה תִּפְרַח הַכַּלָּנִית
וְאַף אֶחָד לֹא יָבוֹא לִצְפּוֹת בְּיָפְיָהּ.
אַחֲרֶיהָ תִּפְרַח הַנּוּרִית
וְלֹא יִתְקַיֵּם פֶסְטִיבָל
וּלְבַסּוֹף יִפְרַח הַפָּרָג, וְשֶׁקֶט,
אֵין אִישׁ.
הַפְּרָחִים הַמּוּגָנִים נִקְטְפוּ
כְּבָר בַּסְּתָיו.

Be'eri   Adi Blechman Sofer

Soon winter will be here,

Weeping clouds will water the earth

Making red carpets grow

The anemone will flower first

Yet no one will come to admire its beauty.

The buttercup will bloom next

But there will be no festival

The poppy is last to bloom. Silence.

No one is there.

The protected flowers had already been plucked

In the fall.

אל תגדלי אברהם שרון

אַל תִּגְדְּלִי עַכְשָׁו
יַלְדָּתִי,
זֶה לֹא זְמַן לִגְדֹּל בּוֹ.
הִשָּׁאֲרִי קְטַנָּה
עֲטוּפָה.
בְּבַקָּשָׁה, אָנָּא. אֵל.
אֲנַחְנוּ צְרִיכִים עַכְשָׁו זְמַן קָטָן
לְהַרְגִּיעַ
לִשְׁתֹּל פֶּרַח
לְהַזְמִין פַּרְפַּר וְיוֹנָה
לְהַשְׁקוֹת וּלְתַחֵחַ אֶת הָעוֹלָם
וְלַעֲשׂוֹתוֹ
מַתְאִים וְאֶפְשָׁרִי
אַל תִּגְדְּלִי עַכְשָׁו.
אֲנַחְנוּ צְרִיכִים זְמַן
לְהָשִׁיב אֶת הַטּוֹב לָעוֹלָם
וְאֶת הַיֹּפִי.
זֶה לֹא זְמָן לִגְדֹּל עַכְשָׁו.
מַגִּיעַ לָךְ עוֹלָם אַחֵר.
אֲנַחְנוּ צְרִיכִים עוֹד זְמַן קָטָן
לִבְרֹא אוֹתוֹ עֲבוּרֵךְ.
וְאָז, רַק אָז, תִּגְדְּלִי.

Don't Grow Up   Avraham Sharon

Don't grow up now

My little girl,

This is no time to grow up.

Stay little

Enveloped.

Please, we pray. God.

Now we need a little time

To be calm

To plant a flower

To invite a butterfly and a dove

To water and plow the world

And make it

Fit for living and full of potential

Don't grow up yet.

We need time

To bring back goodness to the world

And beauty.

It's not a good time to grow up now

You deserve a different world.

We need a little more time

To create it for you.

And then, only then, grow up.

תיקון

אהרן שבתאי 10.10.2023

אֶת הַזְּוָעָה
אֶת הָאָסוֹן הַנּוֹרָא
אֶת הַחֶרְפָּה,
אֶת שִׁבְרֵי הַסִּכְלוּת,
אֶת טִמְטוּמֵי הַדָּת
אֶת חֶשְׁכַת הָעֵינַיִם
אֶת אַלִּימוּת הַיֵּאוּשׁ
לֹא יְתַקְּנוּ לֹא קָצִין,
לֹא פְּצָצָה, לֹא מָטוֹס,
לֹא עוֹד דָּם.
רַק תְּבוּנַת לֵב תְּתַקֵּן
רַק הָרוֹפְאָה, הָרוֹפֵא, יְתַקְּנוּ,
יְתַקֵּן רַק הַמּוֹרֶה הַטּוֹב,
הַמּוֹרָה הַטּוֹבָה,
הַחוֹבֵשׁ, עֲרָבִי, יְהוּדִי,
יְתַקְּנוּ הַנּוֹסֵעַ הַשָּׁלֵו, רוֹכֵב הָאוֹפַנַּיִם,
נוֹשֵׂא הַכָּרִיךְ
הַצּוֹעֵד בָּרְחוֹב.
פּוֹקֵחַ הָעֵינַיִם יְתַקֵּן,
הַדּוֹבֵר בְּחֶמְלָה יְתַקֵּן
הַמַּקְשִׁיב יְתַקֵּן,
הַמַּשְׂכִּיל יְתַקֵּן,
הַמַּמְתִּין וְחוֹשֵׁב יְתַקֵּן,
יְתַקֵּן הַמַּדְרִיךְ
בְּדַרְכֵי הַנְּדִיבוּת, הַחִבָּה,
הַצַּיָּר יְתַקֵּן, הַמְשׁוֹרֵר,
יְתַקְּנוּ תַּלְמִידֵי הַשָּׁלוֹם,
גַּנָּנֵי הַשָּׁלוֹם.

Tikkun   Aharon Shabtai October 10, 2023

The horror

The terrible disaster

The shame,

The fragments of stupidity,

The foolishness of religion

The blindness of eyes,

The violence of despair

Will not be repaired, neither by an officer,

Nor a bomb, nor an airplane,

Nor by any more blood.

Only the heart's wisdom can repair

Only the doctor, the physician can repair,

It is only the good teacher who can repair,

The medic, whether Arab or Jew,

The peaceful traveler can repair, the bicycle rider,

The sandwich carrier

The one who walks in the street.

The one who opens eyes can repair,

The one who speaks compassionately can repair

The listener can repair,

The educated person can repair,

The one who waits and ponders can repair,

The guide can repair

On the paths of generosity, of love,

The painter can repair, the poet,

The students of peace can repair,

The gardeners of peace.

(מה שטרם הותר לפרסום) אליעז כהן

שִׁירַת הַשַּׁחֲרוּר לִפְנוֹת־בֹּקֶר
רִבּוּעַ שֶׁל תְּכֵלֶת לָכוּד בַּחַלּוֹן
אַלְפֵי נְקִישׁוֹת שֶׁלֹּא נִנְקְשׁוּ עַל דַּלְתֵּנוּ
אַלְפֵי נְשִׁיקוֹת שֶׁנִּשְּׁקוּ
שְׁנֵי סִימָנִים שֶׁל תְּכֵלֶת בְּמָסַךְ הַנַּיָּד, מַרְגִּיעִים
חוּטֵי כֶּסֶף חֲדָשִׁים בִּשְׂעָרֵךְ, בִּשְׂעָרִי
נְפִילַת יְלָדַי מִדֵּי יוֹם, תְּחִיָּתָם מִדֵּי עֶרֶב
הַתְּשׁוּקָה הַשְּׁתוּקָה שֶׁלָּךְ וְשֶׁלִּי

(Not Yet Cleared for Publication) Eliaz Cohen

The song of the blackbird before dawn

A sky-blue* square caught in the window

Thousands of knockings not knocked on our door

Thousands of kisses kissed

Two sky-blue checkmarks** on the cellphone screen, reassuring us

New silver threads in your hair and mine

My children falling every day, reviving every evening

The silent passion, yours and mine

---

* The Hebrew word is *tchelet,* a blue dye prescribed by the Torah for certain ritual clothing and tapestries.

** Two blue checkmarks appear on WhatsApp when a message has been read by the recipient,

About the Poets

TALI ASHER teaches at the Mandel School for Educational Leadership and at Kibbutzim College of Education. She is a writer and a literary entrepreneur. Her books include *Grandma Needed* and *Our Life Is Over*.

ELIAZ COHEN is a poet, editor and peace activist. One of the leaders of the poetry magazine *Mashiv Haruach*. He is a founder of the peace organizations, A Land for All, Roots, Judur and Tag Meir.

IRIS ELIYA COHEN is a writer, poet and lecturer at Tel Aviv University's Department of Literature. She has published 16 books to date, including *Galbi, Maktub? Grandma Turbo* and more.

RACHEL SHARANSKY DANZIGER teaches Tanakh at Matan, Pardes and Maayan. She writes about the intersections between life and text. Her articles have appeared in Times of Israel, Tablet Magazine, 929 and the Forward.

RONI ELDAD is a poet and a literature and art critic. She writes children's stories and has published two poetry books, *Yavo* and *Yemama*.

OSNAT ELDAR is Rabbah of Congregation *Sulam Yaakov* in Zichron Yaakov. She is an educator and poet and has published two books of poetry.

ELI ELIYAHU is a poet, editor and journalist at *Haaretz*. He has published three books of poetry: *I and not an Angel, A Town and Horror* and *A Letter to the Children*.

ESTHER MAHARAT FREDMAN is a poet and an educator and a social activist. She teaches literature and theater.

IDO GANIRAM is a poet and actor. He is a rabbi of kindergartens and teaches in girls' seminaries. He served in the unit searching for and treating casualties in Operation Iron Swords.

DAEL RODRIGUEZ GARCÍA is a doctoral student in Hebrew literature at Ben-Gurion University. He teaches literature and Judaism and leads writing workshops. His first book of poems was *Etching*.

RACHEL GOLDBERG-POLIN has worked with young adults as an academic and emotional specialist. Since October 7th, 2023, she has worked full time trying save her son, Hersh, who was abducted from the Nova Music Festival and is being held hostage in Gaza.

TZUR GUETA is a poet and scribe. His book, *Margarine Heart* was recently published. His poems are published in numerous journals and periodicals.

ASSAF GUR is an Israeli journalist, lawyer, and musician who served for many years as a senior editor and news reporter in the national media.

SHURI HAZAN is a bibliotherapist, poetry writer, facilitator of writing groups and workshops, and doctoral student in the Department of Jewish Literature at Bar Ilan University.

LITAL KAPLAN is a clinical psychologist, writer and doctoral student in the Psychoanalysis and its Interfaces program at Tel Aviv University.

YAEL KEIDAR is a poet, editor, musician and psychotherapist. She published two albums of original poetry set to music. Yael performs with poets, lyrics writers and musicians. She is writing her first poetry book.

ORIT KLOPSTOCK is a writer, poet, poetry editor and a literary entrepreneur. She published two books: *A Woman from Genesis* and *I Could Not Include This in the File.*

ITAI LEV is a musician, writer and a choir director. His books include *Hannah, Over the Waves I love You, We Will Go and Go until We Are Tired,* and *Bunchy.*

YAEL LIFSHITZ is a bibliotherapist, and a life ritual designer. She is a lecturer and teacher of literature

AVITAL LIMAN is a kindergarten teacher. In October, she went to the Dead Sea hotels to help with the children who had been evacuated there.

EVA MURCIANO has published three books of poetry to date. Her poems have appeared in various periodicals and literary magazines. Eva is one of the founders and editors of the online poetry journal *Poem.*

AVITAL NADLER worked in education and special education as well as bibliotherapy. Since her retirement she has devoted her time to writing, painting and her grandchildren.

SHLOMIT NAIM NAOR is a poet and educator. She is the author of *There's No End to the Matter* and *The Things We Don't Talk About*. Shlomit works at the Institute for Experiential Education.

ELHANAN NIR is the editor of the literary supplement of *Makor Rishon*, rabbi of the *Mevakshei* congregation and of the *Siakh Yitzhak* yeshiva. Nir published a novel and numerous books of poetry and philosophy.

AMOS NOY is poet and researcher. He is the author of a non-fiction book *Witnesses or Experts* and two books of poetry: *Hello M Rav* and *A Magician Sawed me and Left for Another Place*.

YAEL LIFSHITZ is a bibliotherapy therapist, teacher facilitator, life ritual designer and lecturer in literature.

MIRI MICHAELI is a teacher and educator. Her home was hit directly in October 2023.

GOEL PINTO is an author and journalist. His latest book *is From the Diary of a Dead Woman* – and his next book will deal with the events of the October Seventh War.

AHARON SHABTAI is a Hebrew poet, lecturer and translator. He has translated dozens of classical Greek plays.

ASTAR SHAMIR is a poet, singer and composer, one of the pioneers of creative song in Israel.

AVRAHAM SHARON is a member of Kibbutz Reshafim. "If you stumble upon a gold mine and notice that one of the miners is mining coal in it, you will know that this miner is me."

TAL SHAVIT is a writer, traveler and social entrepreneur. A former Director of Seeds of Peace in Israel, Tal currently works on Heart Centered Living and Intuitive Decision Making.

RAN SHAYIT is a physician, sculptor and poet. His first book was *Odd Number and a Child*.

ADI BLECHMAN SOFER is a speech therapist. Her poems for adults and children are published on her Facebook page.

MAYA WEINBERG is a poet, veterinarian and bat researcher. Three books of her poetry have been published to date, with a fourth to come later in 2024.

MICHAEL ZATZ is an Attorney and Director of the Community Division at ALUT – The National Association for Children and Adults with Autism. His first novel was *Fragile Dreams*.

אודות המשוררים

רוני אלדר, מבקרת ספרות ותיאטרון כותבת שירה ומחברת סיפורים לילדים, פירסמה עד כה שני בפרי שירה: :יבוא" ו"ימימה".

אלי אליהו, משורר, עורך ועיתונאי בעיתון "הארץ". עד כה פירסם שלושה ספרי שירה : "אני ולא מלאך", "עיר ובהלות" ו"איגרת אל הילדים".

אסנת אלדר, אשת חינוך ומשוררת. הרבה של קהילת 'סולם יעקב', בזכרון יעקב ומנהלת תכנית 'אשכולות' במכון כרם להסבת אקדמאיים להוראה. הוציאה לאור שני ספרי שירה.

טלי אשר, חברת סגל בבית ספר מנדל למנהיגות חינוכית ומַרצה במכללת סמינר הקיבוצים. טלי כותבת, מנחה סדנאות כתיבה ויזָמִית ספרותית. ספרֶיה: "דרושה סבתא" ו"החיים שלנו סוף".

דעאל רודריגז גארסיה, דוקטורנט לספרות עברית באוניברסיטת בן־גוריון, מלמד ספרות ויהדות ומנחה סדנאות כתיבה. ספר שיריו הראשון, "גלופין" ראה אור בהוצאת פרדס.

צור גואטה, משורר וסופר. מחבר הספר "נפש מרגרינה" שיריו ראו אור במגזינים סיפרותיים בעלי שם.

רייצ'ל גולדברג-פולין עבדה עם צעירים כמומחית בתחום האקדמי והרגשי. החל מה-7 באוקטובר 2023 רחל עובדת במשרה מלאה להציל את בנה, הירש, שנגנב מפסטיבל המוזיקה נובה, ומוחזק כחטוף בעזה.

אסף גור, עיתונאי, עורך דין ומוזיקאי ישראלי שעבד במשך שנים רבות כעורך בכיר וככתב חדשות בתקשורת הארצית.

עדו גנירם, איש ישיבת רמת גן, רב גן בגני ילדים רבים ומלמד במדרשות לבנות. שרת במלחמת חרבות ברזל במחנה שורה ובסריקות בעוטף עזה, בטיפול וחיפוש חללים. שיריו ראו אור בקבצי "תמורות"' של ישיבת רמת גן.

רחל שרנסקי דנציגר, מלמדת תנ"ך וכותבת על המקומות שבהם הטקסט פוגש את החיים. מאמריה פורסמו בטיימס אוף ישראל, טאבלט מאגזין, 929 באנגלית, פורווארד ועוד.

מאיה ויינברג, משוררת, וטרינרית וחוקרת עטלפים. שלושה ספרי שירה שלה ראו אור עד היום וספר רביעי עומד להתפרסם בקרוב.

מיכאל זץ, עו"ד ומנהל את חטיבת הקהילה באלו"ט- האגודה הלאומית לילדים ובוגרים עם אוטיזם. ספר הביכורים שלו "שביר-חלומות" יצא לאור בהוצאת "ביטאון".

שורי חזן, ביבליותרפיסט, כותב שירה, מנחה קבוצות וסדנאות כתיבה, דוקטורנט במחלקה לספרות עם ישראל באוניברסיטת בר אילן .

איריס אליה כהן, סופרת, משוררת עטורת פרסים ומרצה במסלול לכתיבה בחוג לספרות של אוניברסיטת תל אביב. פרסמה עד כה 16 ספרים, בהם רבי המכר: "גלבי, מכתוב", "סבתא טורבו" ועוד.

אליעז כהן, משורר, עורך ופעיל-שלום. ממובילי כתב העת לשירה "משיב הרוח" וממייסדי ארגוני ויוזמות השלום "תג-מאיר", "ארץ-לכולם" ומרכזי "שורשים-ג'ודור".

איתי לב, מוזיקאי וסופר. בין ספריו: "חנה", "מעל גלים אהבתיך", "נלך ונלך עד שנתעייף", ו"באנשי". בשנים האחרונות מנצח מקהלות וחבורות זמר ברחבי הארץ.

אביטל לימן, גננת. באוקטובר נסעה למלונות ים המלח כדי לעבוד עם הילדים שפונו לשם מישובי עוטף עזה.

יעל ליפשיץ, מטפלת בביבליותרפיה ומנחת מורים, מעצבת טקסי חיים ומרצה לספרות.

אווה מורסיאנו, משוררת, פירסמה עד כה שלושה ספרי שירה. שיריה התפרסמו בכתבי עת ומגזינים רבים. אווה היא ממקימי ועורכי כתב העת המקוון לשירה "פועם".

מירי מיכאלי, מורה ומחנכת. ביתה נפגע מפגיעה ישירה באוקטובר 2023.

שלומית נעים נאור, משוררת ואשת חינוך. שני ספריה ״אין לדבר סוף״ ו״הדברים שאנחנו לא מדברות עליהם״ יצאו בהוצאת פרדס. שלומית עובדת במכון לחינוך חוויתי.

אביטל נדלר, עסקה בחינוך, חינוך מיוחד, ניהול מערכות חינוך, בריאות הנפש וביבליותרפיה. מאז פרישתה לפנסיה, כותבת, מצירת וסבתא פעילה.

אלחנן ניר, עורך מוסף הספרות "שבת" במקור ראשון, רב קהילת "מבקשי" בירושלים ור"מ בישיבת ההסדר "שיח יצחק". כתב ארבעה ספרי שירה, רומן ושלושה ספרי הגות, עליהם זכה בפרס ראש הממשלה ליצירה ופרס שר החינוך ליצירה.

עמוס נוי, משורר וחוקר, מחברם של ספר עיון "עדים או מומחים" (המבוסס על עבודת הדוקטורט שלו) ושני ספרי שירה. "שלום לאדון עורב" , "קוסם אחד ניסר אותי והלך למקום אחר".

עדי בלכמן סופר, קלינאית תקשורת, עדי כותבת סיפורים ושירים למבוגרים וילדים, אותם היא מפרסמת בעמוד הפייסבוק.

גואל פינטו, סופר ועיתונאי. ספרו האחרון הוא "מיומנה של אישה מתה. "ספרו הבא יעסוק במאורעות מלחמת שבעה באוקטובר.

יעל קידר, משוררת, עורכת, מוזיקאית ופסיכותרפיסטית. הוציאה שני אלבומים של שירת מקור מולחנת. מופיעה עם משוררים, פזמונאים ומוזיקאים. ספר שירה ראשון פרי עטה, נמצא כעת בכתובים.

אסתר מהרט פרדמן, עוסקת בחינוך ועשיה חברתית. מרצה לספרות ותאטרון. יוצרת וכותבת שירה.

אורית קלופשטוק, כותבת, מנחה סדנאות כתיבה, עורכת שירה ומשתתפת במיזמים ספרותיים-חברתיים. ספריה "לא יכולתי לרשום את זה בתיק" ו"אישה מבראשית" זכו בפרסים ספרותיים.

ליטל קפלן, פסיכולוגית קלינית, כותבת, דוקטורנטית בתכנית "פסיכואנליזה וממשקיה" באוניברסיטת תל אביב.

טל שביט, סופרת ויזמית חברתית. ניהלה בעבר את" זרעים של שלום". כיום עובדת על חיים ממוקדי לב וקבלת החלטות אינטואיטיבית. טל היא מתרגלת ומורה למדעים יוגיים ומדיטציה .

אהרן שבתאי, משורר עברי, מרצה ומתרגם מיוונית. תרגם עשרות מחזות יוונים קלאסיים.

רן שייט, רופא, פסל ומשורר. ספר הביכורים שלו " אי, זוגי וילד " יצא
לאור לאחרונה.

אַסְתָּר שמיר, משוררת זמרת ומלחינה, מחלוצות הזמרות היוצרות
בישראל.

אברהם שרון, חבר קיבוץ רשפים, "אם תיקלעו למכרה זהב ותבחינו כי
אחד הכורים כורה בו פחם, תדעו שהכורה הזה הוא אני. "

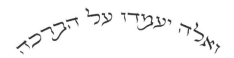

ואלה יעמדו על הברכה

Ginzei Nistarot Society Patrons

GOLD FOUNDING PARTNER

Arielle and Donny Rosenberg

SILVER FOUNDING PARTNER

The Agus Family *(New York and Jerusalem)*

Anonymous

PATRON MEMBERS

Anonymous

Hilda and Yitz Applbaum

Nancy and Dov Friedberg

Caron and Steve Gelles

The Julis Romo Rabinowitz Family

Jennifer and Michael Kaplan

Made in the USA
Middletown, DE
19 September 2024